MANUEL
DU COMPTABLE
DES MATIÈRES.

MANUEL

DU

COMPTABLE

DES MATIÈRES

A L'USAGE DES

GARDES - MAGASINS

ET NOTAMMENT DES

SECTIONNAIRES, MAGASINIERS, PRÉPOSÉS DE DÉPOT

ET DISTRIBUTEURS

des arsenaux, usines, forges, fonderies et autres établissements maritimes.

PUBLIÉ AVEC L'AUTORISATION

DE SON EXCELLENCE M. LE MINISTRE DE LA MARINE ET DES COLONIES

PAR Noël BLACHE

Agent-comptable de la marine.

TOULON,

TYPOGRAPHIE ET LITHOGRAPHIE D'E. AUREL,

Rue de l'Arsenal, 13.

—

1865.

AVERTISSEMENT.

———

Les prescriptions officielles relatives à la comptabilité du matériel existant en approvisionnement dans les sections, magasins et dépôts de la marine ont été coordonnées, dans ce recueil, selon leur analogie administrative, d'après ces trois ordres d'idées:

MODE DE GESTION;

SYSTÈME DE COMPTABILITÉ;

PÉNALITÉS.

Cette division méthodique de classement, résumée d'ailleurs dans une table des matières, rendra les recherches faciles aux agents appelés à bien connaître les règles qui régissent la partie du service qui leur incombe. Ils pourront, de plus, au moyen des dates de textes, annotées en regard de chaque prescription administrative, recourir, s'ils le jugent nécessaire, aux documents d'où émanent ces prescriptions.

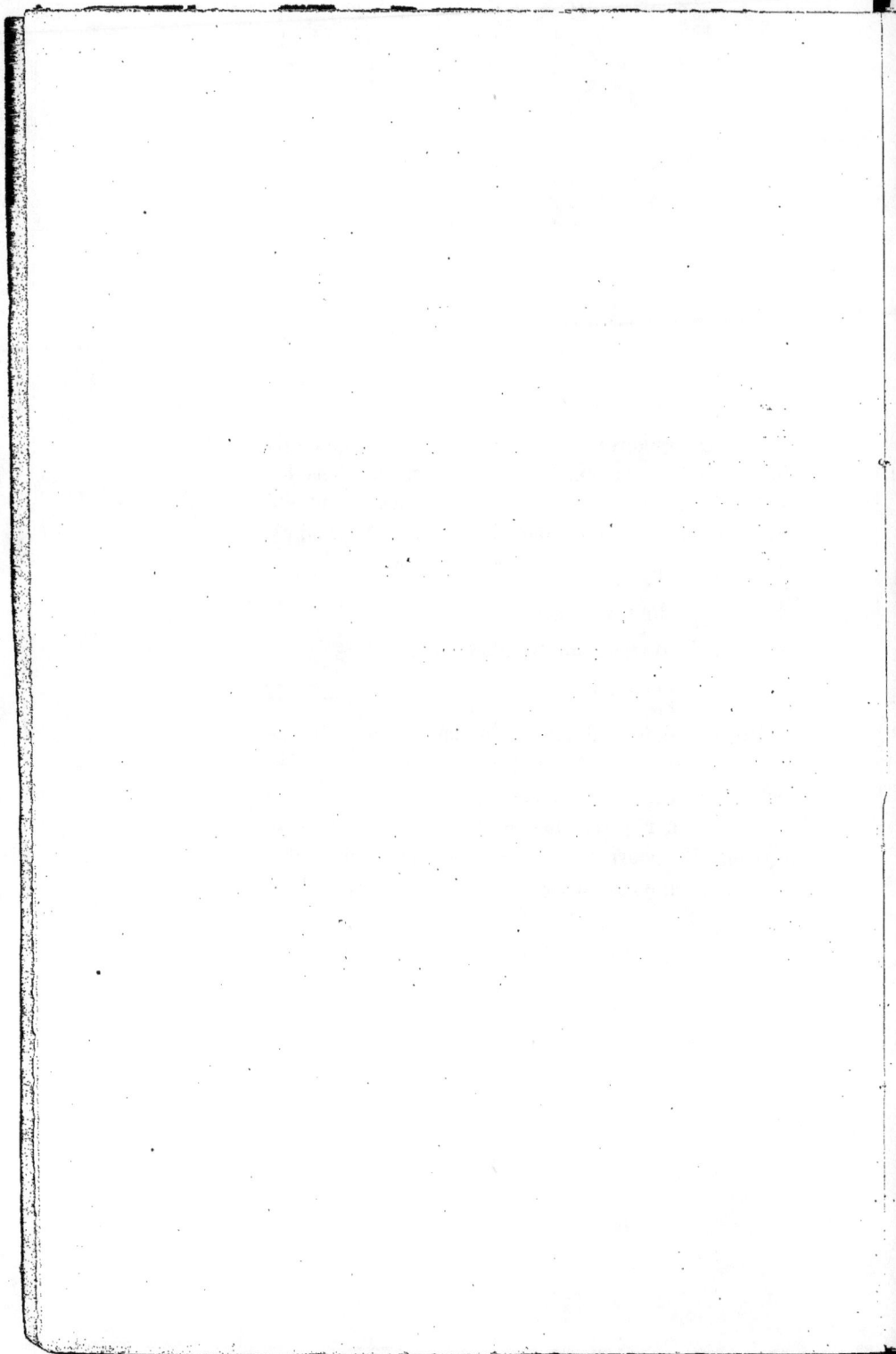

NOTE PRÉLIMINAIRE.

———

Vulgariser les règles de la Comptabilité parmi les sectionnaires, magasiniers, préposés de dépôt et distributeurs des arsenaux et autres établissements de la marine, auxquels ce Manuel est spécialement destiné, c'est, je le crois, accomplir une œuvre d'une réelle utilité.

La connaissance précise, pour ces agents, des dispositions règlementaires qui régissent le service des mouvements de matières, ne peut, en effet, que contribuer à accélérer les opérations dont ils sont chargés, tout en augmentant les garanties de bonne gestion.

Sans doute, les gardes-magasins de la marine s'efforceront toujours de prévenir des erreurs regrettables ; mais il est bien évident qu'ils ne sauraient, en toutes circonstances, suppléer efficacement à l'inexpérience des agents qui gèrent sous leurs ordres et dont les actes, en engageant la responsabilité de leurs chefs directs, peuvent, par suite, la compromettre sérieusement.

En vue de ces considérations et pour faciliter aussi aux comptables les recherches des documents qu'ils ont à consulter pour la justification régulière de leur gestion, j'ose me permettre de publier, sous forme de manuel, le présent recueil de prescriptions officielles, éparses dans les décrets, règlements, instructions, circulaires, etc., concernant le service de la comptabilité des matières.

N. BLACHE,
Agent-comptable des matières.

MANUEL
DU COMPTABLE
DES MATIÈRES.

PREMIÈRE PARTIE.

MODE DE GESTION PRATIQUÉ DANS LES SECTIONS, MAGASINS
ET DÉPOTS.

Position hiérarchique attribuée aux Agents du service de la comptabilité des matières.

Les comptables du matériel de la marine sont indépendants de toute autorité dans les actes qui touchent à leur responsabilité; ils sont placés sous la direction de l'autorité administrative pour ce qui concerne la comptabilité. Les directeurs des travaux ont action sur les magasins en ce qui concerne l'ordre, l'arrangement, la conservation des matières et des objets, et le choix à en faire lors des délivrances.

Extrait de la note insérée à la page 22 du compte général du matériel du département de la marine et des colonies pour l'année 1862.

Tous les agents du service de la comptabilité du magasin général et des magasins particuliers sont placés sous l'au-

Article 11 de l'arrêté ministériel du 2 décembre 1857.

1

torité du garde-magasin général (1), et sous la surveillance du commissaire aux approvisionnements (2).

L'action disciplinaire est exercée par le commissaire-général. Lorsque ce chef de service ne croit pas devoir infliger une punition requise par un directeur, il en réfère à la décision du préfet maritime.

Art. 4 du décret du 30 novembre 1857. Les gardes-magasins particuliers des directions sont placés, pour tout ce qui se rattache à la comptabilité, sous la direction supérieure du commissaire général et sous la surveillance immédiate du garde-magasin général.

Art. 4 du décret du 30 novembre 1857 et art. 15 de l'instruction du 1er octobre 1854. Ils relèvent de l'autorité des directeurs en tout ce qui concerne la police intérieure, l'arrangement des matières et objets dans les magasins et dépôts, et l'emploi des moyens de conservation.

Ils sont tenus, en suivant toutefois les prescriptions de l'article 25 de l'instruction du 1er octobre 1854, de se conformer à leurs indications en ce qui se rapporte au choix des matières et des objets à délivrer (3).

---

(1) En cas d'absence du garde-magasin général, l'action sur le personnel est exercée par le plus ancien comptable. (*Dépêche à Lorient du 10 janvier 1857*).

(2) Les agents du service de la comptabilité des matières sont dispensés des fonctions de Jurés. (*Circulaire n° 408 du 16 décembre 1852, Bulletin officiel page 595*). Ils sont admis à voyager à prix réduit sur les chemins de fer (*Arrêté ministériel du 31 décembre 1859. — Circulaire n° 9 du 18 janvier 1860, Bulletin officiel page 12 et Circulaire n° 233 du 10 octobre 1864, Bulletin officiel page 224*). Ne font pas partie de la garde nationale les comptables, magasiniers, préposés de dépôts et distributeurs (*art. 8 de la loi du 13 juin 1851*).

L'autorisation de contracter mariage est donnée par le ministre, lorsqu'il s'agit d'un agent comptable principal, et par le préfet maritime, lorsqu'une demande de cette nature est faite par les agents comptables, sous-agents et employés subalternes (*Circulaire manuscrite du 15 mai 1851*).

(3) Le choix des matières et des objets à délivrer appartient aux directeurs, et par suite ces chefs de service doivent intervenir dans toutes les

Les directeurs et les officiers placés sous leurs ordres peuvent, en vue de connaître la situation des approvisionnements, se faire représenter sur place les livres du garde-magasin particulier et de ses agents. Le garde-magasin particulier leur remet, sur leur demande, des notes faisant connaître, lorsque les besoins du service l'exigent, la situation de celles des unités qu'ils désignent.

Les agents préposés à la garde des sections et des dépôts sont indépendants des maîtres d'ateliers. Ils sont placés sous les ordres et sous la responsabilité du garde-magasin particulier. Toutefois, ils sont tenus de se conformer aux prescriptions des ingénieurs ou des officiers chargés de la surveillance des ateliers pour la police intérieure, l'ordre, l'arrangement, la conservation et le choix des objets à délivrer (1). *Art. 18 de l'arrêté ministériel du 2 décembre 1857.*

La position hiérarchique du comptable principal, par rapport aux comptables des services des subsistances, des hôpitaux et des chiourmes, ainsi qu'aux agents placés sous les ordres de ces comptables, est analogue à celle de tout chef de corps. C'est au comptable principal qu'il appartient de proposer les nominations et les avancements à faire dans le personnel des comptables; mais elles ne peuvent, cependant, être établies sans le concours des comptables des services que ces propositions concernent. *Circulaire nº 245 du 20 septembre 1850. (Bulletin officiel, p. 146).*

---

sorties des magasins particuliers et être informés de toutes celles qui doivent avoir lieu ; en ce qui concerne les envois à faire, il leur sera adressé une copie de l'ordre du ministre ou du préfet maritime qui a prescrit l'envoi. (*Circulaire nº 10 du 12 janvier 1847 et Circulaire nº 27 du 31 janvier 1848, Bulletin officiel page 58*).

(1) Sauf les cas d'urgence, nul changement ne peut être apporté dans l'ordre établi pour le classement et les soins de conservation, avant que le comptable, informé par le rapport des agents qui gèrent pour son compte, ait été mis en mesure de présenter ses observations, si l'ordre donné lui semble de nature à engager sa responsabilité. (*§ 5 du nota inséré à la page 11 de l'arrêté ministériel du 2 décembre 1857*).

Responsabilité inhérente aux comptables et aux agents des sections, magasins et dépôts.

Art. 10 de l'instruction du 1er octobre 1854.

Le garde-magasin général et les gardes-magasins particuliers des directions sont, chacun en ce qui le concerne, personnellement et directement responsables des matières et objets confiés à leur garde (1).

Art. 4 du décret du 30 novembre 1857.

Les gardes-magasins particuliers des directions sont responsables et justifient envers le garde-magasin général de toutes leurs opérations à charge et à décharge.

Art 10 du décret du 30 novembre 1857.

L'autorité exercée sur les comptables par les officiers ou fonctionnaires chargés de la direction ou du contrôle, dans la limite déterminée par les règlements, n'atténue en rien la responsabilité qui pèse sur ces comptables en tout ce qui concerne les quantités, la conservation et la distribution des denrées, matières et objets confiés à leur garde.

Dép. du 10 juillet 1846 et 19 avril 1848, et circul. No 170 du 5 juillet 1849. *(Bul. Officiel, p. 379).*

Les comptables sont responsables, non seulement de la quantité, mais encore de la bonne conservation des matières et objets confiés à leurs soins.

Art. 11 du décret du 30 novembre 1857.

Le comptable qui reçoit un ordre dont l'exécution lui semble de nature à engager sa responsabilité, ou une pièce de recette ou de dépense qui ne lui parait pas régulière, est autorisé à faire, par écrit, un refus motivé.

---

(1) La responsabilité des comptables de matières ne commence qu'après que la réception des matières et des objets a été opérée par une commission de recette. Elle cesse lorsque le comptable a opéré les délivrances sur un ordre écrit et régulier à moins de circonstances exceptionnelles dans les cas prévus par l'article 14 du règlement du 13 décembre 1845 *(article 13 du décret du 30 novembre 1857). (Circulaire no 322 du 13 décembre 1849, Bulletin officiel, page 834).*

Si le chef du service requiert qu'il soit passé outre à la délivrance ou à l'exécution de l'ordre donné, le comptable y procède sans délai, et il annexe à la pièce justificative, avec une copie de ses observations, l'acte de réquisition qu'il a reçu.

Le comptable est tenu de faire immédiatement droit aux demandes que le chef de service chargé d'ordonner la délivrance lui adresse sous sa responsabilité, lorsque ces demandes sont faites par écrit et qu'elles sont motivées sur l'urgence.

En cas d'incendie ou d'évènement de force majeure, les objets existant en magasin peuvent être mis, sur réquisition verbale, à la disposition de l'autorité qui les réclame.

Dans l'un et l'autre cas, le comptable en informe sans délai le fonctionnaire chargé de la surveillance administrative.

Dans les vingt-quatre heures, le chef de service fait remettre au comptable la pièce régulière de la délivrance, ou, à défaut, la ratification par l'autorité supérieure de la délivrance d'urgence. Cette ratification est annexée à la demande provisoire.

Les comptables ne doivent, sous leur responsabilité, recevoir, pour le compte de l'Etat, que des objets admis par des commissions de recette formées suivant les règlements particuliers à chaque service. *Art. 12 du décret du 30 novembre 1857.*

Aucune perte ou avarie n'est admise à la décharge des comptables qu'autant qu'elle provient d'évènements de force majeure dûment constatés par procès-verbal, tels que : *Art. 13 du décret du 30 novembre 1857.*

Vols à main armée, à force ouverte ou avec effraction ;

Vols par disparition de détenteurs du matériel ;

Prise ou destruction par l'ennemi, destruction ou abandon forcé à son approche ;

Incendie ;

Inondation, submersion ;

Ecroulement de bâtiment ;

Evénements de route par terre et par eau ;

Vice propre à la chose.

Art. 14 du décret du 30 novembre 1857. Pour être déchargé du montant d'une perte résultant d'événements de force majeure, le comptable est tenu de prouver et de faire constater immédiatement que le fait ne peut être imputé, à aucun titre, ni à lui, ni aux agents sous ses ordres.

Art. 15 du décret du 30 novembre 1857. Aucune perte ou avarie motivée sur le défaut d'entretien des bâtiments servant de magasin, ou de leur mobilier, n'est allouée à la décharge du comptable que sur la preuve de ses réclamations faites, en temps utile, près de l'autorité compétente, à l'effet d'obtenir les réparations nécessaires.

Art. 16 du décret du 30 novembre 1857. Quel que soit le mode employé pour l'exécution des transports de matériel d'un point sur un autre, aucune quantité de denrées ou de matières, aucun objet appartenant au service, ne peut sortir des mains du comptable expéditeur sans être pris en charge par un tiers qui en devient responsable pendant la durée du mouvement, selon les cas ci-après, savoir :

1° Pour les transports par bâtiments de l'Etat, le capitaine et l'officier en second sont responsables ; en cas de déficit donnant lieu à remboursement, le montant en sera repris sur la solde de ces officiers, au prorata des appointements;

2° Pour les transports exécutés en vertu de marchés, contrats d'affrètements, la responsabilité de l'agent chargé du transport est déterminée par les lois et usages du commerce et par les conventions des parties.

La comptabilité des objets en cours de transport est

tenue, au ministère de la marine, par un comptable d'ordre, chargé de suivre les mouvements de matières qui s'effectuent entre les divers comptables des ports et établissements.

Le comptable expéditeur fait sortie, dans ses livres, d'après les bordereaux d'expédition, les lettres de voiture, connaissements, etc., des quantités expédiées. Il demeure responsable des pertes ou avaries qui, à la réception, seraient reconnues provenir de sa négligence.

Art. 17 du décret du 30 novembre 1857.

Les employés sous les ordres des comptables sont des agents salariés par l'Etat et des dépositaires ayant une responsabilité effective ; comme tels, ils ne peuvent impunément compromettre les intérêts qui leur sont confiés. Ils doivent donc informer les comptables pour le compte desquels ils gèrent de tout ce qui se passe dans les sections et dépôts.

Circulaire nº 120 du 12 avril 1853 (Bull. officiel, p. 319) et § 5 du nota inséré à la page 11 de l'arrêté ministériel du 2 décembre 1857.

La responsabilité qui pèse sur les comptables exige de leur part une action directe sur la nomination des agents de leur service, ainsi que sur les récompenses à accorder à ces agents.

Circulaire Nº 245 du 20 septembre 1850 (Bulletin officiel, p. 146).

Obligations afférentes aux comptables et aux agents des sections, magasins et dépôts.

Toute gestion de matériel oblige celui qui en est chargé à fournir un cautionnement dont la quotité et la nature sont déterminées par le ministre de la marine et des colonies.

Art. 5 du décret du 30 novembre 1857.

Toutefois, les officiers et employés des divers corps de la marine qui ont été admis dans le personnel des comptables lors de la première formation, et jusqu'au 1er janvier 1853, peuvent, par décision du ministre de la marine et des colonies, être dispensés de cette obligation.

Tout comptable qui n'a pas obtenu cette dispense est tenu, sous peine de remplacement, de réaliser son cautionnement dans les six mois qui suivent sa nomination (1).

Art. 9 du décret du 30 novembre 1857.

Tout comptable qui délivre ou communique, sans y être dûment autorisé, un état de situation du matériel placé sous sa garde, ou tout renseignement pouvant en tenir lieu, est passible de la révocation de ses fonctions, sans préjudice des peines plus sévères qu'il aurait encourues suivant la gravité des cas.

Art. 27 de l'instruction du 1er octobre 1854.

Le garde-magasin général et les gardes-magasins particuliers doivent, par des vérifications fréquentes, toutes les fois qu'il y a possibilité de le faire, s'assurer de la concordance de l'existant réel avec celui qui résulte des écritures.

S'ils remarquent des différences entre les deux existants, le garde-magasin général en rend compte immédiatement au commissaire aux approvisionnements, qui fait opérer le recensement dans les formes déterminées par les articles 240 et suivants de l'instruction du 1er octobre 1854.

Les sectionnaires, magasiniers, préposés de dépôt, doivent informer le comptable du magasin auquel ils sont affectés de toutes les différences qu'ils reconnaîtraient dans l'existant en magasin, ainsi que des circonstances qui seraient de nature à rendre facile la vérification de cet existant.

_____

(1) Voir à la fin du présent manuel le tableau des cautionnements à fournir et des indemnités de responsabilité allouées.

Tout agent du service de la comptabilité est tenu de rendre compte, au comptable du magasin auquel il est affecté, de tous les faits survenus dans ce magasin qui seraient de nature à engager la responsabilité de ce comptable.

Art. 19 de l'Instruction du 1er octobre 1854.

Il est formellement interdit aux comptables, ainsi qu'aux agents placés sous leurs ordres, de recevoir ou de délivrer aucune matière ou objet sans un ordre écrit et sans l'accomplissement de toutes les formalités administratives exigées.

Art. 20 de l'instruction du 1er octobre 1854.

Dans aucun cas et pour aucun motif les agents des magasins ne doivent délivrer, ni en plus, ni en moins, des quantités de matières et d'objets que celles que constatent les pièces justificatives de sortie. Cette prescription est également applicable aux prises en charge, quelle que soit, d'ailleurs, leur origine.

Circulaire N° 314 du 8 octobre 1849, p. 797 et circulaire N° 4 du 5 janvier 1850, p. 6

Tout sectionnaire, magasinier et préposé de dépôt, est tenu de recevoir ou de délivrer les matières et les objets mentionnés sur toute pièce justificative revêtue du visa du comptable ou préposé-comptable du magasin auquel il est affecté, alors même qu'il jugerait la pièce entachée d'irrégularité. Dans ce cas, et après avoir fait droit à la pièce qu'il jugerait irrégulière, il signale, par écrit, au comptable, l'irrégularité, et consigne son observation sur son journal.

Art. 21 de l'Instruction du 1er octobre 1854.

Il est également tenu d'opérer les recettes et les délivrances qui lui sont ordonnées par le comptable ou préposé-comptable, en l'absence même de toute pièce justificative, lorsque l'ordre qui lui est donné à cet égard est par écrit, motivé sur l'urgence, et fait connaître la cause de la recette ou de la délivrance.

Tout comptable est tenu d'obtempérer à la réquisition d'un inspecteur en chef ou autre fonctionnaire chargé par le ministre d'une mission spéciale. Il informe immédiate-

ment le commissaire aux approvisionnements de la réquisition qu'il a reçue. La sortie des matières délivrées est
justifiée ainsi qu'il est dit à l'article 197 de l'instruction
du 1er octobre 1854.

Art. 7 du décret du 30 novembre 1857. Il est interdit aux comptables de matériel de se livrer
à aucun commerce ou négoce, et d'occuper aucun autre
emploi salarié, soit public, soit privé.

Art 8 du décret du 30 novembre 1857. Les comptables de matériel ne peuvent s'absenter de leur
résidence sans une permission écrite, émanée, soit de l'au-
torité locale, soit du ministre, suivant la nature ou la
durée de l'absence.

Tout comptable qui a obtenu l'autorisation de s'absenter
doit faire agréer, pour le représenter, une personne munie
de sa procuration (1) et choisie dans le personnel du corps
auquel il appartient.

Art. 83 du décret du 30 novembre 1857. Les détenteurs du matériel doivent passer écriture dans
les formes déterminées par le ministre, suivant la nature
du service, de toutes les augmentations et diminutions successivement apportées au matériel dont ils sont responsables,
et tenir constamment à la disposition de l'inspecteur et de
l'autorité chargés de la surveillance administrative, dans
l'ordre de la comptabilité, les pièces justificatives destinées
à constater ces modifications.

---

(1) Voir le modèle de procuration à la page 598 du bulletin officiel,
circulaire du 31 août 1849, n° 229.

Prescriptions relatives à la tenue et à l'installation
dos sections, magasins et dépôts.

Aucun commis, écrivain, préposé de dépôt ou distributeur ne peut être employé dans un magasin autre que celui dont est chargé personnellement l'agent-comptable principal sans l'agrément du comptable chargé de ce magasin, sauf, en cas de refus, décision du ministre ou du préfet maritime, suivant qu'il s'agit d'un commis ou d'un magasinier, soit d'un écrivain, d'un préposé de dépôt ou distributeur.

Circulaire N° 245 du 20 septembre 1850 (*Bulletin officiel*, p. 146) et art. 16 du décret du 28 février 1850.

Les magasiniers, préposés de dépôt et distributeurs, doivent être rendus à leurs postes dès l'ouverture des ateliers du port. La présence des distributeurs est constatée par les magasiniers au moyen d'un bulletin signé par eux et immédiatement remis à qui de droit (*Pour mémoire*).

Délibération du conseil d'administration du Port de Toulon du 25 septembre 1850.

Les magasins doivent être ouverts pendant les heures de travail; ils ne peuvent l'être en dehors de ces heures qu'en vertu d'un ordre spécial de l'autorité supérieure.

Art. 26 de l'instruction du 1er octobre 1854.

Le garde-magasin général et les gardes-magasins particuliers disposent, pendant le jour, des clefs des magasins. Chaque soir, après la cloche de sortie, ces clefs sont recueillies par les comptables responsables, et déposées aux postes militaires, dans un coffre scellé dans la muraille intérieure et fermant à clef.

Le comptable responsable emporte la clef du coffre qui lui est destiné. Un double de cette clef est fixé en permanence à l'extérieur du coffre, sous les deux cachets du commissaire général et du major général de la marine.

En cas d'événement de force majeure qui obligerait à ouvrir les magasins pendant la nuit, le chef du poste romprait les cachets sous lesquels sont fixées les doubles clefs, et prendrait celles dont il serait nécessaire de disposer.

Il dresserait procès-verbal du fait.

Art. 7, §. 2 du règlement préfectoral du 6 août 1862. Les armoires destinées à recevoir les clefs des magasins qui sont placées dans les postes militaires sont divisées en autant de compartiments indépendants qu'il y a de gardes-magasins; chacun de ces compartiments est fermé avec une double clef; l'une est emportée, chaque soir, par le comptable ou par son délégué, magasinier ou distributeur de service, mais sous la responsabilité personnelle du comptable; l'autre est fixée en permanence à l'extérieur de l'armoire, sous les deux cachets du major général et du commissaire général (*Prescription relative au Port de Toulon. — Pour mémoire*).

Art. 13 de l'instruction du 1er octobre 1854. Les approvisionnements du magasin général sont répartis en autant de sections distinctes que l'exigent les besoins du service. Cette répartition est arrêtée par le préfet maritime, en conseil d'administration, sur la proposition du commissaire général. Elle est soumise à l'approbation du ministre.

Le service de chaque section est confié à un agent du personnel des comptables de la marine, lequel agit comme délégué et sous la responsabilité du garde-magasin général.

Dans les sections où les besoins du service l'exigent, des magasiniers sont chargés, sous les ordres des sectionnaires, de la garde, de l'arrangement, de la distribution et de la comptabilité des matières.

Circulaire N° 165 du 27 août 1847 et dépêche du 24 décembre 1847. Les sections, magasins et dépôts, ne doivent contenir que des matières et des objets propres au service.

Circ. N° 165 du 27 août 1847 et dépêche du 24 déc 1847, modi- Les objets provenant de remise ne doivent être introduits en magasin qu'après qu'ils ont été mis en bon état.

Après réparation, ces objets sont livrés les premiers à la consommation.

fiées par le 3ᵉ § du nota inséré à la p. 13 de l'arrêté minist. du 2 déc. 1857.

Les approvisionnements doivent toujours être tenus en bon état de conservation. Les comptables ne doivent point négliger d'appeler l'attention des directeurs sur les parties de l'approvisionnement qui sont exposées à se détériorer promptement, ou qu'un plus long séjour dans les magasins ne permettrait pas d'utiliser. Ils sont également tenus de signaler au commissaire aux approvisionnements toutes les différences qu'ils peuvent remarquer entre les existants réels et ceux indiqués par les écritures.

Dépêche du 19 avril 1848.

Les denrées, matières et objets confectionnés, placés dans les magasins et établissements, doivent toujours être rangés dans un ordre tel, que la vérification de leur quantité et de leur qualité puisse facilement s'opérer.

Art. 49 du décret du 30 novembre 1857.

A moins de nécessité constatée, les matières et les objets le plus anciennement emmagasinés ou d'anciens modèles, doivent toujours être livrés les premiers à la consommation (1).

Art. 25 de l'instruction du 1er octobre 1854.

Les matières et les objets doivent toujours être classés, dans les magasins, de la manière la plus favorable à la facilité des délivrances et des recensements (2).

Art. 24 de l'instruction du 1er octobre 1854.

---

(1) L'article 25 de l'instruction du 1er octobre 1854 est d'ordre général ; il établit un principe auquel chacun doit se conformer, mais il prévoit aussi le cas de nécessité constatée : les articles 15 et 18 de la dite instruction indiquent quels sont les fonctionnaires (directeurs, ingénieurs ou officiers chargés des ateliers) qui seuls peuvent prescrire de s'écarter de la règle générale pour le cas de nécessité constatée. (3e § du nota inséré à la page 11 de l'arrêté ministériel du 2 décembre 1857).

(2) L'obligation imposée par l'article 24 de l'instruction du 1er octobre 1854 ne pèse point seulement sur les comptables ; elle concerne aussi l'ad-

Circulaire No 113 du 5 juin 1847 et circulaire No 280 du 6 novembre 1857, p. 955.

Il doit être fait usage, dans les magasins, d'étiquettes indiquant la situation des différentes espèces de matières et d'objets en approvisionnement.

L'espèce des étiquettes et les indications à y consigner doivent nécessairement varier suivant la nature des approvisionnements et les lieux où ils sont déposés ou renfermés.

Ainsi, la contenance des foudres, soutes, fosses, barriques, caisses, sacs de légumes, quart de farine et de salaison, doit être exactement déterminée et marquée en caractères indélébiles; les paquets de vis à bois, pointes, pitons et autres objets doivent également porter l'indication des quantités qui y sont contenues.

A l'égard des matières et des objets qui ne sont pas susceptibles d'être empaquetés ou renfermés dans des caisses et futailles, l'approvisionnement doit, toutes les fois qu'il y a possibilité de le faire, être fractionné en diverses parties d'une quantité connue et déterminée, lesquelles ne doivent être mises en consommation, au fur et à mesure des besoins du service, qu'après leur épuisement successif. Une étiquette placée au-dessus de chaque partie doit indiquer sommairement les mouvements d'entrées et de sorties, et le restant.

Les chiffres portés sur les étiquettes doivent indiquer les quantités de matières ou d'objets existant réellement en magasin, sans tenir compte des matières et objets qui, bien qu'à la charge du comptable, seraient en réparation dans les ateliers.

Il importe de n'inscrire sur les étiquettes que les renseignements strictement utiles. Elles doivent reproduire littéralement les numéros et les termes de la nomenclature générale.

---

ministration dont les efforts incessants doivent tendre à assurer la célérité dans les mouvements des matières et dans la vérification des existants. (*Circulaire n° 113 du 5 juin 1847*).

Tous les objets de matériel, sans exception, appartenant à un bâtiment de la 2ᵉ catégorie de la réserve, qui ne peuvent, pour cause de détérioration, être conservés à bord, ou dans un local particulier, sont déposés dans les magasins du port. Mais ils sont étiquetés au nom du bâtiment, et ne peuvent être affectés à un autre navire, hors le cas d'urgence et d'absolue nécessité.

Art. 129 du règlement du 25 août 1861 (Bulletin officiel, p. 615).

La délivrance de ces objets à un autre navire que celui auquel ils sont destinés n'a lieu que sur un ordre spécial écrit du préfet maritime, relatant le motif de l'urgence, et les objets ainsi délivrés sont immédiatement remplacés.

Le préfet maritime rend compte, sans retard, au ministre, de l'ordre qu'il a donné pour la délivrance et pour le remplacement des objets en question.

Les objets zingués doivent former, dans l'unité collective affectée aux objets de même espèce et de même dimension non zingués, une série spéciale qui est distinguée de ces derniers objets par la lettre Z, ajoutée au numéro de l'unité simple.

Circulaire Nº 276 du 19 août 1852 (Bulletin officiel, p. 200).

Les voiles garnies et les voiles non garnies doivent être classées sous le même numéro d'unité collective ; mais les unes et les autres doivent former, dans chaque numéro d'unité collective, deux catégories, qui sont distinguées par la lettre G, ajoutée à la série des numéros d'unité simple affectés aux voiles garnies.

Circulaire Nº 245 du 4 août 1853 (Bulletin officiel, p. 457).

Tous les objets d'ameublement et autres, existant en approvisionnement, doivent, conformément aux prescriptions règlementaires, porter l'empreinte d'une ancre, signe de propriété de l'Etat (*Pour mémoire*).

Circulaire de M. le V. A. Préfet Maritime du Port de Toulon du 16 octobre 1850.

Le matériel confié à la garde des comptables est un

Dépêche du 24 novembre 1853.

dépôt dont aucune partie, quelque minime qu'elle soit, ne doit sortir de leurs magasins sans un ordre régulièrement donné.

Prescription relative au mode de gestion des entrepôts de matières encombrantes.

Art. 536 de l'arrêté ministériel du 2 décembre 1857.

Les matières et les objets non susceptibles d'être renfermés dans une section ou dans un dépôt sont mis à la disposition des maîtres sur un billet de demande en due forme. Les maîtres des chantiers et ateliers sont tenus, à l'égard de ces matières et de ces objets, envers le garde-magasin particulier, aux mêmes obligations que les préposés des dépôts.

Prescription relative à la coloration des huiles qui ne sont pas destinées à l'alimentation.

Dépêche du 28 décembre 1853.

Les huiles de toute espèce qui ne sont pas destinées à l'alimentation doivent, aussitôt après leur réception, être colorées en rouge par l'orcanette mise à la dose d'un millième pour les huiles d'olive et de colza, et de deux millièmes pour l'huile de lin.

Prescription relative aux soins à donner aux boîtes à conserves

---

Circulaire Nᵒ 126 du 1ᵉʳ juin 1858 (*Bulletin Officiel*, p. 573) et Circulaire Nᵒ 189

Les boîtes pleines à conserves existant en approvisionnement dans les magasins des subsistances doivent être conservées avec le plus grand soin. A cet effet, elles doivent être fréquemment visitées et réparées immédiatement, s'il y a lieu, afin de prévenir les détériorations de leur contenu. du 31 août 1858 (*Bulletin officiel*, p. 802).

L'embarquement de cette denrée devra être effectué avec beaucoup de précaution, afin d'éviter le bossuage des boîtes; lorsqu'on procédera à des envois, elles devront, conformément à l'usage, être entourées de foin ou de paille. (*Voir l'instruction insérée à la page 950 du Bulletin officiel de l'année 1858, pour l'ouverture des boîtes de conserves et pour la préparation culinaire de cette denrée, et voir la notice sur les moyens de reconnaître l'altération des boîtes de conserves de viande et d'y remédier, insérée à la page 130 du Bulletin officiel du 28 juillet 1861, circulaire n° 195.*)

Justification des Entrées à charge de paiement.

LIVRAISONS PAR SUITE D'ACHATS (1).

Les matières livrées par les fournisseurs de la marine, en exécution de leurs marchés, ne peuvent être introduites dans les arsenaux que sur un ordre d'introduction donné Art. 31 de l'instruction du 1er octobre 1854.

---

(1) Les comptables des ports ne doivent point passer écriture des matières qui sont achetées dans les quartiers pour les bâtiments en relâche ; les dépenses auxquelles ces achats donnent lieu doivent être imputées sur un article spécial du budget, et faire l'objet d'un article distinct dans l'état établissant la corrélation du compte du matériel avec le compte financier que doit dresser le commissaire aux approvisionnements. Ces dépenses seront divisées par bâtiments.

Lorsque les matières ont été achetées dans les ports secondaires elles doivent être prises en charge par les comptables de ces ports. (*Circulaire du 14 mars 1847 n° 52.*)

Les envois des matières achetées à Paris, pour le service des ports, ne doivent être portées en entrée par les comptables des ports sous le titre : *achats*, que lorsque la recette définitive, la liquidation de la dépense et

par écrit. (*Article 33 des conditions générales arrêtées le 30 mars 1847*) (1).

L'ordre d'introduction est donné par le Commissaire aux approvisionnements au pied de l'expédition, sur papier libre, de la facture remise par le fournisseur ou par son représentant.

Cette facture (*modèle n° 1*) détaille, selon la nature des matières à introduire, leur espèce, leur poids ou leur quantité. (*Article 34 des conditions générales.*)

Il est tenu au détail des approvisionnements, un enregistrement sommaire des ordres d'introduction (*modèle n° 2.*)

Art. 32 de l'instruction du 1er octobre 1854.

Les matières livrées doivent être revêtues des marques ou plombs des manufactures ou ateliers d'où elles sortent, ou des cachets, timbres ou noms des fournisseurs.

Lorsque les marques des fournisseurs n'ont pu être appliquées sur les matières, elles doivent l'être sur les caisses ou colis qui les renferment.

Les factures des fournisseurs doivent faire mention des

---

l'expédition du certificat comptable doivent avoir lieu dans le port, et que la déclaration de prise en charge à donner sur le certificat comptable doit émaner de ces comptables.

Lorsque les matières ont été reçues définitivement à Paris, le comptable institué au ministère donne déclaration de prise en charge des matières achetées.

L'envoi de ces matières doit être classé, par les comptables des ports, sous le titre : mouvements de comptable à comptable du même service. (*Voir les articles 119 et 125 de l'instruction du 1er octobre 1854). (Arrêté minist. du 24 novemb. 1847 notifié par circul. du 29 du même mois n° 221)·*

(1) Les objets livrés ne seront introduits dans les magasins que sur un ordre écrit du commissaire aux approvisionnements.

Cet ordre indiquera le lieu de dépôt ; les objets livrés y seront conduits par les soins et aux frais du fournisseur.

L'ordre d'introduction ne sera délivré que sur la remise des factures. *(Article 33 des conditions générales détaillées.)*

marques apposées sur les matières ou sur les caisses et colis. (*Article 35 des conditions générales*) (1).

Jusqu'à ce qu'elles aient été soumises à l'examen de la commission de recette, et qu'il ait été statué définitivement sur leur réception, les matières introduites demeurent dans un lieu de dépôt spécial. En aucun cas, elles ne peuvent être placées dans le même local que les matières déjà reçues. Art. 33 de l'instruction du 1er octobre 1854.

Un magasinier est préposé, sous les ordres et sous la surveillance immédiate du commissaire aux approvisionnements, à la garde du dépôt des matières introduites. Il tient un livre (*modèle n° 3*) des entrées et des sorties effectuées dans la salle de dépôt.

Le département de la marine n'est responsable jusqu'à la recette définitive et effective, ni des quantités introduites, ni des détériorations des matières et des objets. Toutefois, il est expressément recommandé aux agents de la marine d'apporter tous les soins nécessaires à la conservation de ces objets et matières. (*Art. 36 des conditions générales*) (2). Art. 34 de l'instruction du 1er octobre 1854.

La réception des matières brutes et ouvrées introduites dans les salles ou lieux de dépôt est faite par une commission composée : Art. 35 de l'instruction du 1er octobre 1854.

D'un officier de marine ayant au moins le grade de lieutenant de vaisseau ;

---

(1) Les matières livrées doivent être revêtues des marques ou plombs des manufactures ou ateliers d'où elles sortent, ou des cachets, timbres ou noms des fournisseurs.

Lorsque les marques des fournisseurs n'ont pu être appliquées sur les matières, elles doivent l'être sur les caisses ou colis qui les renferment. (*Art. 35 des conditions générales.*)

(2) Les agents de la marine ne sont responsables, jusqu'à la recette définitive, ni des quantités introduites, ni de la détérioration des objets. (*Art. 36 des conditions générales.*)

D'un officier du service qui doit employer le plus spécialement les matières brutes et ouvrées présentées en recette ;

D'un sous-commissaire attaché au détail des approvisionnements.

Lorsque les matières sont destinées au service des travaux hydrauliques et des bâtiments civils, la commission est composée d'un ingénieur de ce service, d'un officier du service auquel les objets sont destinés ou que les articles à recevoir concernent plus spécialement, et d'un sous-commissaire attaché au détail des approvisionnements.

Art. 36 de l'instruction du 1er octobre 1854.

La commission se réunit sur la convocation du commissaire aux approvisionnements, ou aux jours et aux heures fixés par un arrêté du préfet maritime. Elle est présidée par l'officier le plus élevé en grade, ou, à grade égal, par le plus ancien ; elle est assistée du garde-magasin général, sauf le cas prévu par l'article 453 de l'instruction du 1er octobre 1854, et par l'article 24 du règlement du 23 décembre 1845 (1). L'inspecteur reçoit avis de chaque convocation.

Si le garde-magasin général n'assiste pas en personne aux opérations de la commission de recette, il doit toujours y être

---

(1) Aux termes de l'article 21 du règlement du 23 décembre 1845 sur les concessions de logements aux fonctionnaires et agents du département de la marine, aucune délivrance d'objets de mobiliers ne peut être faite à ces fonctionnaires par le magasin général. Les objets achetés ne devront donc point être pris en charge par le garde-magasin général. Ils seront reçus, conformément aux dispositions des articles 33 et suivants de l'instruction du 1er octobre 1854. Le fonctionnaire auquel les meubles seront destinés, déléguera un agent pour assister aux opérations de la commission. Après la recette, il donnera ou fera donner au préposé de la salle de dépôt, récépissé des objets reçus, indépendamment de la déclaration d'inscription sur l'inventaire, à consigner sur le certificat comptable. (*Circulaire du 25 janvier 1847 n° 20.*)

Si des chalands étaient achetés spécialement pour être mis en service,

représenté, soit par le sous-garde magasin, soit par un des sectionnaires.

Il a voix consultative sur la qualité des matières ; il soumet à la commission et, s'il y a lieu, fait consigner au procès-verbal toutes les observations qu'il juge utiles.

Dans les ports où une seule commission ne peut suffire aux opérations des recettes, il en est nommé plusieurs, selon les besoins du service.

Art. 37 de l'instruction du 1er octobre 1854.

Les fournisseurs ou leurs représentants sont prévenus par le commissaire aux approvisionnements, à l'effet d'assister aux séances des commissions de recette, ainsi qu'aux constatations des pesées et mesurages. Lorsque, ayant été prévenus, ils ne se sont pas présentés, leur absence ne peut arrêter ni suspendre aucune opération, et ils ne sont admis à réclamer ni contre les décisions de la commission, ni contre les constatations des quantités. (*Art. 59 des conditions générales.*)

Art. 38 de l'instruction du 1er octobre 1854.

Le commissaire aux approvisionnements communique à la commission les conditions générales et particulières de chaque marché, et les factures présentées par les four-

Art. 39 de l'instruction du 1er octobre 1854.

---

ce serait sur l'inventaire des apparaux qu'il devrait en être pris charge immédiatement. (*Dépêche à Dunkerque du 21 juillet 1846*). (NOTA : Depuis la date de cette dépêche les chalands ont été classés dans le matériel flottant).

Les envois de poudres et d'armes neuves faits par les manufactures du département de la guerre, étaient classés précédemment dans la comptabilité des ports, sous le titre : *Achats* et entrées diverses à charge de paiement. Les envois, à ces manufactures, d'armes à transformer, et la réception de ces armes après transformation, étaient portés en entrées et en sorties définitives sous le titre : *Déclassements.*

Désormais, tous les envois entre les ports et les manufactures du département de la guerre seront considérés comme : mouvements de comptable à comptable du même service. (*Circulaire du 31 mai 1848 bulletin officiel page 271.*)

nisseurs. Il prépare et remet à la commission des feuilles de recette (*modèles n*os *4, 4 bis et 4 ter*) pour servir à la reconnaissance des matières ou des objets à recevoir.

Art. 40 de l'instruction du 1er otobre 1854.

Les échantillons ou types adoptés pour l'exécution de la fourniture sont mis à la disposition de la commission de recette par l'agent chargé de leur conservation.

Art. 41 de l'instruction du 1er octobre 1854.

Les commissions de recette constatent la qualité des matières reçues (1) ; elles en constatent également les quantités, sauf le cas exceptionnel prévu par l'article 50 de l'instruction du 1er octobre 1854.

Les quantités à recevoir doivent être toutes réunies dans les salles ou lieux de dépôt, lorsque la commission de recette en examine la qualité, c'est-à-dire, qu'il y a autant de réceptions et d'épreuves différentes qu'il est fait de livraisons séparées.

Le sous-commissaire, membre de la commission, inscrit les quantités successivement reconnues (2) sur un carnet (3) (*modèles n*os *5, 5 bis, 5 ter et 5 quater*) (4).

---

(1) Les conditions particulières de chaque marché détermineront les épreuves auxquelles seront soumises les munitions et marchandises présentées en recettes ou elles stipuleront que les commissions procéderont à telles épreuves qu'elles jugeront nécessaires, sans que le fournisseur puisse élever aucune réclamation contre la nature des épreuves ainsi déterminées. *(Article 40 des conditions générales.)*

(2) Lorsque les tares n'auront pas été déterminées par les marchés eux-mêmes, elles le seront d'après les procédés qui seront adoptés par la commission de recette. (*Article 47 des conditions générales.*) (Nota : cette disposition ne doit s'entendre que du seul cas où il y aurait impossibilité absolue de constater exactement le poids net des matières livrées.)

(3) Voir pour la recette des bois de construction et de mâture, les carnets n° 1 et 2 , annexés à l'instruction spéciale.

(4) Quand une livraison aura été admise en recette, il sera tenu compte au fournisseur des quantités employées dans les épreuves. En cas de rebut total ou partiel les quantités employées dans les épreuves resteront au compte du fournisseur.

Les décisions des commissions de recette sont prises à la majorité des voix (1).

Art. 42 de l'instruction du 1er octobre 1854.

Ces décisions sont immédiatement exécutoires, lorsqu'après la constatation des quantités, elles concluent à l'acceptation des matières (*Article 41 des conditions générales*).

Le garde-magasin général ou son représentant inscrit immédiatement sur un carnet (*modèle n° 5, 5 bis, 5 ter, et 5 quater*), les quantités de matières dont l'admission en recette a été prononcée par la commission. A la fin de chaque séance, la concordance de ce carnet avec celui de la commission est vérifiée et certifiée par le comptable ou son représentant, et par le sous-commissaire membre de la commission.

Art. 43 de l'instruction du 1er octobre 1854.

En cas de réclamation de la part des fournisseurs contre les décisions des commissions, il est procédé, conformément aux clauses particulières des marchés, ou, à défaut,

Art. 44 de l'instruction du 1er octobre 1854.

Le procès-verbal de la commission de recette constatera les quantités consommées dans les épreuves. (*Article 49 des conditions générales et circulaire n° 164 du 20 mai 1862, bulletin officiel page 490*).

A moins de conditions contraires exprimées dans les cahiers des conditions particulières, les caisses, fûts, toiles d'emballage, etc., servant d'enveloppes aux matières livrées demeureront en toute propriété à la marine, sans indemnité pour le fournisseur. (*Article 50 des conditions générales.*)

Les résidus provenant des expériences dynamométriques seront pris en charge par le garde-magasin général. Ils seront ensuite remis, comme vieux linge, à l'administration des domaines. Quant aux coupons qui auront servi aux épreuves de lessivage, ils seront également pris en charge et attachés aux pièces desquelles ils auront été extraits. (*Circulaire n° 343 du 23 octobre 1854 bulletin officiel page 646.*)

(1) Les décisions des commissions de recette seront prises à la majorité des voix, en cas de partage égal, la voix du président sera prépondérante.

Les décision des commissions de recette seront immédiatement exécutoires, lorsqu'elles concluront à l'acceptation des objets. (*Article 41 des conditions générales).*

conformément aux conditions générales, en ce qui se rapporte au recours au préfet maritime en conseil d'administration, ainsi qu'à la nomination de commissions supérieures qui opèrent avec l'assistance du garde-magasin général ou de son représentant, et après avis donné à l'inspection (1).

Art. 45 de l'instruction du 1er octobre 1854.

La commission de recette dresse, séance tenante, un procès-verbal de ses opérations sur la feuille de recette (2) (*modèles nos 4, 4 bis et 4 ter*), préparée à cet effet par le commissaire aux approvisionnements.

Les procès-verbaux sont rédigés par le sous-commissaire aux approvisionnements, d'après les notes remises par l'officier du service qui doit le plus spécialement employer les matières.

---

(1) Les fournisseurs ou leurs représentants qui, ayant assisté aux séances des commissions de recettes, se croiront fondés à réclamer contre les décisions de ces commissions, en préviendront sur le champ le commissaire aux approvisionnements. Leurs réclamations, pour être valables, devront être adressées dans les vingt-quatre heures au préfet maritime.

Il sera sursis à la recette des objets livrés jusqu'à la décision du préfet, qui pourra préalablement, s'il juge qu'il y ait lieu, faire procéder à un nouvel examen par une commission nommée extraordinairement. La décision du préfet maritime sera immédiatement exécutoire.

Les réclamations que le fournisseur aurait à élever seront adressées au ministre, qui prononcera, sauf recours au conseil d'Etat, conformément aux règles de la juridiction en matière administrative.

Les frais occasionnés par l'instruction spéciale qui serait ordonnée par le ministre, avant de statuer, seront à la charge du fournisseur dont la réclamation serait rejetée. (*Article 52 des conditions générales.*)

(2) Par application des dispositions qui ont été prescrites à l'égard des sacs, barils, et chapes contenant les poudres, notamment par la circulaire du 24 mars 1850, les barriques, boîtes, vases, etc., contenant les matières livrées par les fournisseurs et ayant une valeur appréciable devront être pris en charge par les comptables, et, par conséquent, figurer sur les inventaires, ainsi que dans les écritures et dans les comptes.

Dans le service des subsistances, ce mode d'opérer était déjà suivi en partie : ainsi les futailles de toute espèce, les caisses, boîtes et vases quelconques étaient portés sur l'inventaire, qu'ils fussent pleins ou vides ; mais on ne donnait aucune valeur à ceux de ces objets qui, ayant été livrés par

Ils font connaître les épreuves qui ont eu lieu et le résultat de ces épreuves. Ils mentionnent, pour les matières admises, leur espèce et qualité; ils constatent que ces matières remplissent les conditions des cahiers des charges, et qu'elles sont conformés aux descriptions, devis ou échantillons adoptés. Pour les matières rebutées, ils indiquent les causes de rebut.

Ils constatent les quantités introduites d'après les factures, celles qui ont été effectivement trouvées à la vérification, les quantités qui ont été admises définitivement, celles qui ont été frappées de réduction ou changées de classe, et celles qui ont été rebutées (1).

La feuille de recette est signée par les membres de la commission, par le garde-magasin général ou son représentant, et par l'inspecteur lorsqu'il a assisté à la recette (2).

les fournisseurs avec les liquides et autres objets qu'ils contenaient, se trouvaient dans la même situation lors des recensements ; cet état de choses doit cesser. A l'avenir, tous les objets portés sur l'inventaire devront être inscrits avec leur valeur, et figurer de la même manière sur tous les autres documents de la comptabilité portant évaluation.

Les différences qui pourraient se présenter entre le compte du matériel et le compte financier, seront l'objet d'annotations spéciales dans l'état établissant la corrélation entre ces deux comptes. (*Circulaire du 26 janvier 1852, Bull. Off. page 58.*)

(1) Il ne sera pas tenu compte, contre le fournisseur, des différences qui n'excèderont pas un vingtième, soit en plus, soit en moins, entre les quantités commandées et les quantités admises en recettes.

Dans les fournitures soumises à un assortiment déterminé par le marché, la tolérance sera réglée par les conditions particulières du cahier des charges. Les excédants outrepassant la proportion du vingtième ou celle qui aura été fixée par le cahier des charges, devront être retirés du port dans les délais fixés pour l'enlèvement des objets rebutés, et sous les mêmes pénalités, à moins que l'administration, par une décision spéciale du préfet maritime, ne soit autorisée à conserver en dépôt ceux dont les assortiments devront être ultérieurement complétés. (*Art. 45 des conditions générales.*)

(2) Tous les procès-verbaux de recette doivent porter l'attache de l'inspection. Si un officier de l'inspection a assité aux opérations, il signe ces procès-verbaux. Dans le cas contraire, les procès-verbaux sont visés par l'inspecteur en chef. *(Circul. No 48 du 1er mars 1855, Bull. Off. p. 128.)*

Art. 46 de l'instruction du 1er octobre 1854.

Lorsque la nature et l'importance de la recette ont exigé la rédaction d'un procès-verbal (*modèle n° 6*) distinct de la feuille de recette, et que ce procès-verbal n'a pas pu être dressé séance tenante, la feuille de recette est représentée aux membres de la commission, lors de la signature du procès-verbal auquel elle demeure annexée.

Chacun des membres de la commission a le droit de requérir l'insertion de ses observations sur la feuille de recette ou dans le procès-verbal.

Art. 47 de l'instruction du 1er octobre 1854.

Les procès-verbaux de recette sont transcrits sur un registre (*modèle n° 7*) coté et paraphé par le commissaire général de la marine. La transcription est certifiée conforme par le sous-commissaire qui a fait partie de la commission de recette.

Il est ouvert autant de registres de procès-verbaux que l'exigent les besoins du service.

Pendant l'intervalle des séances des commissions, et après leur épuisement, les registres des procès-verbaux, ainsi que les feuilles et les procès-verbaux de recette, demeurent déposés au détail des approvisionnements.

Art. 48 de l'instruction du 1er octobre 1854.

Le signe de propriété du département de la marine est apposé au moment de la recette définitive, et sous les yeux de la commission ou de son délégué, sur toutes les matières qui sont susceptibles de le recevoir.

Ce signe est une ancre frappée à sec ou imprimée, selon que la nature des objets le comporte.

Art. 49 de l'instruction du 1er octobre 1854.

Les matières rebutées sont, dans les cas prévus par les conditions générales, marquées d'un signe de rebut (1);

---

(1) Les objets qui ne satisferont pas aux conditions stipulées par les traités seront rebutés et marqués d'un signe de rebut.

L'apposition de ce signe sera obligatoire ; à moins que la nature des objets ne la rende impossible.

ce signe est apposé sous la surveillance immédiate de
la commission, à moins que le commissaire aux approvisionnements, sur le compte qui lui en est rendu, ne recon-
naisse que, par des considérations de service, la commission doit être déchargée de cette obligation. Dans ce cas,
l'apposition du signe de rébut a lieu sous la surveillance
d'un membre de la commission spécialemement délégué
par elle.

Le commissaire aux approvisionnements tient la main à
ce que les matières rebutées soient enlevées de l'arsenal
dans les délais stipulés (1), et à ce qu'il ne puisse être
fait aucun mélange, dans les lieux de dépôt, de matières
rebutées avec des matières de même nature nouvellement

Toutefois, lorsque le rebut aura été motivé par des accidents auxquels
il sera reconnu possible de remédier, ou lorsque l'ouvrage sera jugé suscep-
tible de perfectionnement, l'apposition de la marque de rebut pourra être
suspendue. La commission prononcera sur cette exception et en consignera
les motifs dans son procès-verbal.

Dans tous les cas où les fournisseurs ou leurs représentants auront ré-
clamé contre la décision de la commission de recette, il sera sursis, jusqu'à décision définitive, à l'apposition du signe de rebut.

Le signe de rebut sera :

Pour les toiles, draps et étoffes quelconques : l'enlèvement du chef de la
pièce ou deux lignes en croix en peinture indélébile, appliquée sur la liziè-
re, la pièce étant roulée ;

Pour les bois et ouvrages en bois, les métaux bruts et confectionnés : un
R. marqué, soit à froid, soit à chaud ;

Pour les cuirs et tous les objets à la pièce un R. estampillé à sec.

Pour tous les autres objets, les cahiers des conditions particulières détermineront le signe à appliquer. (*Art. 42 des conditions générales.*)

(1) Les objets rebutés devront être enlevés des magasins, chantiers et dépôts, par les soins des fournisseurs, dans un délai qui sera fixé par le cahier
des charges de chaque marché :

Si les objets ne sont pas enlevés à l'expiration de ces délais, les fournisseurs subiront, pour chaque jour de retard, sur leur cautionnement, une
retenue dont la quotité sera fixée par les conditions particulières du marché. (*Art. 43 des conditions générales.*)

Lorsque, d'après l'avis des commissions de recette, les objets introduits

introduites ou déjà admises en recette. Le fournisseur ou son représentant donne récépissé des matières qu'il fait enlever, sur le journal du préposé à la salle de dépôt (modèle n° 3).

Art. 50 de l'instruction du 1er octobre 1854.

Lorsque, par des considérations de service, le commissaire aux approvisionnements a reconnu que la commission de recette doit être déchargée de l'obligation de constater le pesage, le mesurage ou l'énumération de la totalité des matières brutes et ouvrées dont elle a prononcé l'admission en recette, la commission en fait mention dans son procès-verbal (modèles n°s 4, 4 bis, 4 ter et 6) qui ne constate alors que la qualité des matières reçues, sous la réserve des dispositions des articles 42 et 52 de l'instruction du 1er octobre 1854.

---

par les fournisseurs seront reconnus susceptibles d'être bonifiés par leurs soins, le travail de bonification ne pourra être effectué dans l'intérieur de l'arsenal ou des dépôts qu'en vertu d'autorisation du préfet maritime. (*Art. 37 des conditions générales.*)

Lorsque sur l'autorisation du préfet maritime l'administration aura mis à la disposition du fournisseur, des hommes ou des machines et apparaux pour exécuter un travail qui, d'après les stipulations des marchés, doit être à la charge dudit fournisseur, le remboursement de la dépense sera fait au Trésor public sur un ordre de versement donné par l'ordonnateur.

Il sera procédé de la même manière pour le remboursement des frais incombant aux quantités rebutées, lorsque le paiement de ces frais aura été fait par la marine, conformément aux conditions du marché. (*Art. 38 des conditions générales.*)

Le remplacement des rebuts devra être effectué dans un délai qui sera fixé par les conditions particulières des marchés.

Le fournisseur ne pourra user qu'une seule fois de la faculté de remplacer les quantités rebutées.

Si les objets présentés en remplacement sont rebutés, le ministre pourra décider :

Soit que les quantités dues seront achetées par la marine aux frais et risques du fournisseur, et que la plus value, s'il y a lieu, sera imputée sur le cautionnement, et, dans ce cas, les quantités ainsi achetées seraient déduites des quantités à livrer.

Dans ce cas, la reconnaissance des quantités est faite, l'inspection et le fournisseur ou son représentant préalablement avertis, par un aide-commissaire ou par un commis de marine délégué du commissaire aux approvisionnements, avec l'assistance d'un représentant du garde-magasin général, et sous la surveillance immédiate du sous-commissaire qui a fait partie de la commission de recette (1).

Dans le cas prévu par l'article 50 de l'instruction du 1er octobre 1854, le détail des pesées, des mesurages ou de l'énumération est successivement inscrit sur deux carnets (modèles n°s 5, 5 bis, 5 ter, 5 quater) tenus contradictoirement, l'un par le représentant du garde-magasin général, l'autre par l'aide-commissaire ou le commis de marine chargé de constater les quantités.

Art. 51 de l'instruction du 1er octobre 1854.

A la fin de chaque séance, la concordance des deux

Soit que le marché sera résilié, et, dans ce cas, le fournisseur encourra la saisie totale ou partielle de son cautionnement, qui sera prononcée par le ministre, conformément à l'article 58. (*Art. 44 des conditions générales.*)

Si des besoins urgents auxquels il ne pourrait être pourvu sur le champ, soit par les soins du fournisseur, soit à ses frais, exigeaient que la marine reçût des objets d'abord rebutés, il pourra être fait par la commission ordinaire des recettes, sur l'autorisation préalable du préfet maritime, une juste appréciation de la réduction à apporter dans les prix, eu égard aux défectuosités desdits objets ; mais la recette avec réduction du prix ne pourra avoir lieu que d'après le consentement du fournisseur et l'approbation du préfet maritime. Il en sera immédiatement rendu compte au ministre. (*Art. 46 des conditions générales.*)

Les résidus des épreuves des matières rebutées doivent être rendus au fournisseur, sur sa demande, toutes les fois qu'il y a possibilité de les lui restituer, c'est-à-dire, quand ils ne sont pas mêlés ou adhérents à d'autres objets appartenant à l'État. (*Circul. N° 105 du 23 mai 1861, Bull. Off. page 369.*)

(1) Le mesurage des toiles du service des approvisionnements généraux de la flotte doit être fait sur des tables graduées et étalonnées de deux mètres de longueur, où la toile sera étendue sans étirage. (*Circul. N° 74 du 2 avril 1860, Bull. off. page 324.*)

carnets est vérifiée et certifiée. En cas de contestation ou de différence, il en est rendu compte au commissaire aux approvisionnements, qui fait procéder à une nouvelle constatation.

Toutes les fois que le sous-commissaire aux approvisionnements qui est chargé de surveiller la constatation des quantités assiste aux opérations du pesage, du mesurage ou de l'énumération, ou vérifie ces opérations, il le constate par son visa qu'il appose sur les carnets du délégué du commissaire aux approvisionnements et du représentant du garde-magasin général.

Art. 52 de l'instruction du 1er octobre 1854.

Lorsque la constatation des quantités, dans le cas prévu par l'article 50 de l'instruction du 1er octobre 1854, donne lieu de reconnaître que les matières et les objets ne réunissent pas les conditions stipulées par les marchés, il en est rendu compte immédiatement au commissaire aux approvisionnements, qui en informe la commission de recette pour statuer.

Art. 53 de l'instruction du 1er octobre 1854.

A la fin de l'opération mentionnée dans les articles 50 et 51 de l'instruction du 1er octobre 1854, les quantités constatées par les carnets dûment vérifiés sont résumées dans un tableau présentant :

1° Les quantités introduites ;

2° Les quantités qui ont été admises définitivement ;

3° Celles qui ont été frappées de réduction ou changées de classe ;

4° Les quantités qui ont été rebutées.

Les résultats de ce résumé sont portés en marge du procès-verbal de réception (*modèles n°s 4 et 6*). Ils sont certifiés par le délégué du commissaire aux approvisionnements, et visés, après vérification, par le sous-commissaire qui a surveillé la constatation des quantités.

Dans le cas prévu par l'article 50 de l'instruction du 1er octobre 1854, l'apposition des signes d'appropriation et de rebut a lieu conformément aux dispositions des articles 48 et 49 de la dite instruction.

Art. 54 de l'instruction du 1er octobre 1854.

Le garde-magasin général fait transporter en magasin les matières et les objets au fur et à mesure que les quantités en ont été constatées, soit par la commission, soit dans les formes prescrites par les articles 50, 51 et 52 de l'instruction du 1er octobre 1854. Il les confie aux sectionnaires respectifs, qui les inscrivent sur leur journal, et en donnent récépissé sur le livre (*modèle n° 5*) tenu par l'agent préposé à la salle de dépôt.

Art. 55 de l'instruction du 1er octobre 1854.

Le commissaire aux approvisionnements expédie les certificats comptables (*modèle n° 8*) destinés à servir au paiement des matières admises en recette (1). Ces certificats portent la date du marché, celles de l'introduction et de la recette des matières et objets livrés (2), leur espèce,

Art. 56 de l'instruction du 1er octobre 1854.

---

(1) Les certificats comptables relatifs à des fournitures faites par des sociétés ou compagnies doivent être établis au nom même de ces sociétés ou compagnies et non à celui de leurs directeurs, gérants ou représentants. (*Circul N° 257 du 12 octobre 1864, Bull. off. page 293.*)

Il ne peut être effectué de paiements aux fournisseurs que pour un service fait et après livraisons effectives, conséquemment il ne leur sera payé aucun à compte à titre d'avances. (*Art. 53 des conditions générales.*)

Les paiements auront lieu, soit à Paris, soit dans les départements, au choix des fournisseurs qui devront l'indiquer dans leurs soumissions, ou le faire indiquer dans le marché, s'il est traité de gré à gré.

Aucun changement ne pourra avoir lieu ultérieurement à cet égard, à moins d'autorisation spéciale du ministre. (*Art. 54 des conditions générales.*)

(2) Par suite des dispositions contenues dans la circulaire du 10 mars 1847 N° 51, les certificats comptables doivent indiquer la date du procès-verbal de recette. L'exécution de ces dispositions a fait naître quelques doutes pour le cas où la commission de recette, usant de la faculté qui lui est accordée (*art. 50 de l'instruction du 1er octobre 1854*) a délégué le soin de reconnaître les quantités des matières et des objets dont elle

leur quantité, leur prix et le décompte de la somme à payer. Ils indiquent le lieu où le paiement doit s'opérer. Il y est joint l'expédition sur papier timbré de la facture mentionnée en l'article 31 de l'instruction du 1er octobre 1854, après rectification, au pied de ladite facture, des différences résultant des constatations faites par la commission de recette (1). Cette disposition n'est point applicable

---

avait examiné la qualité. Dans ce cas, la constatation de la qualité et la recette des quantités qui font partie intégrante d'une seule et même opération, se trouvent constatées dans deux procès-verbaux différents. La date de ces procès-verbaux doit donc être indiquée sur les certificats comptables. Je ferai modifier, en conséquence, la forme de ces documents. En attendant, les modifications nécessaires seront faites à la main toutes les fois qu'il y aura lieu.

Cette question en a fait naître une autre, celle de savoir quel est celui des deux procès-verbaux dont la date doit déterminer l'exercice sur lequel sera imputé le paiement.

Ainsi que je l'ai fait remarquer, une recette n'est complète et définitive qu'après la constatation des quantités reçues. Le fait de la délégation, par la commission de recette, d'une partie de ses attributions, ne saurait modifier le caractère de l'opération. Si la commission n'usait pas de la faculté qui lui est accordée à cet égard, elle ne pourrait dresser son procès-verbal qu'après l'achèvement complet de la recette, c'est-à-dire, après la constatation des quantités admises. Ce n'est qu'après cette constatation que le comptable peut prendre charge. C'est donc la date du procès-verbal dans lequel sont consignés les résultats de la constatation des quantités qui doit déterminer l'exercice du paiement des fournitures. (*Cir. du 30 décembre 1853. Bull. off. page 954.*)

NOTA : La nouvelle instruction (*Art. 50*) subordonne à la décision du commissaire aux approvisionnements, la délégation de la commission, à l'égard de la constatation des quantités.

(1) Les munitions, marchandises et ouvrages expédiés par les fournisseurs seront accompagnés de factures en double expédition dont l'une sur papier timbré.

Ces factures porteront indication de la nature, des poids, des quantités et de la valeur des matières livrées, ainsi que des marques apposées sur lesdites matières ou sur les caisses et colis.

Elles seront datées, arrêtées en toutes lettres et signées par le fournisseur ou par son représentant.

Dans le cas de différences reconnues à la recette, les factures seront

aux certificats comptables des livraisons dont le montant n'excède pas dix francs (1).

Dans le cas où une admission en recette a eu lieu avec rabais sur le prix, la déduction est opérée sur le total des sommes portées au certificat. Une copie de la décision prise par le préfet maritime, conformément aux dispositions de l'article 46 des conditions générales, est annexée aux certificats comptables. Cette copie est délivrée et certifiée par le commissaire aux approvisionnements.

Les certificats comptables des livraisons sont expédiés, en suivant l'ordre de priorité d'admission des matières et des objets, dans le plus court délai possible, et au plus tard dans le délai fixé par les conditions générales (2).

Ces certificats sont signés par le commissaire aux approvisionnements, visés par le commissaire général et par l'inspecteur, et revêtus de la déclaration de prise en charge par

---

rectifiées et arrêtées de nouveau en toutes lettres par le commissaire des approvisionnements. La concordance ainsi établie, entre les factures et le procès-verbal de recette, sera reconnue au pied des dites factures par le fournisseur ou par son représentant. (*Art. 34 des conditions générales.*)

(1) Les mandats de paiement pour les dépenses du matériel n'excédant pas 10 francs, seront admis sans facture timbrée, par les payeurs du trésor public, lorsque ces mandats présenteront le détail des fournitures, ou lorsqu'ils seront appuyés de la quittance des intéressés. (*Cir. du directeur de la comptabilité générale des finances insérée* Bulletin officiel de la marine, *2e semestre 1851, page 3.*)

(2) Les certificats comptables seront expédiés dans les quinze jours qui suivront les recettes, pour tous les objets autres que les bois de construction et les mâtures.

L'expédition des pièces comptables relatives aux recettes de bois et de mâtures aura lieu dans le délai d'un mois.

Les certificats constatant les créances qui devront être payées sur ordonnances du ministre lui seront immédiatement adressés par les soins de l'administration avec les pièces justificatives à l'appui.

Il sera remis, en même temps, aux fournisseurs ou à leurs fondés de pouvoirs, un bulletin portant avis de cet envoi. (*Art. 55 des conditions générales.*)

3

le garde-magasin général, sauf les cas prévus par l'article 453 de l'instruction du 1er octobre 1854, et par l'article 24 du règlement du 23 décembre 1845 (1). Ils sont enregistrés au détail des approvisionnements, et il en est fait annotation sur le registre des procès-verbaux (*modèle n° 7*). Ils sont ensuite transmis au commissaire des fonds, qui en fait inscription sur ses livres.

Art. 57 de l'instruction du 1er octobre 1854.

Les entrées provenant d'achats sont justifiées par l'ordre de réception (*modèles n°s 9 et 9 bis*) (2) donné par le commissaire aux approvisionnements, au vu du procès-verbal de recette, et revêtu de la déclaration de prise en charge par le comptable. Cet ordre présente le double décompte des quantités reçues, évaluées au prix d'inventaire et au prix du marché. Il établit la corrélation du montant du décompte au prix d'inventaire, avec le montant du certificat comptable destiné au paiement de la livraison (*mo-*

---

(1) A l'égard des objets achetés pour les hôtels occupés par les préfets maritimes et à l'égard de tous les objets de mobilier destinés à être mis immédiatement en service, lesquels, aux termes du règlement du 23 décembre 1845 sur les concessions de logement, ne doivent point passer par le magasin général, la déclaration de la prise en charge par le garde magasin général doit être remplacée par la certification de l'inscription des objets achetés sur l'inventaire du mobilier, avec mention des numéros d'ordre de cette inscription. La certification sera faite par le fonctionnaire responsable ou par l'agent qu'il aura délégué à cet effet. (*Circ. du 10 décembre 1846, voir cette circulaire aux annexes page 403 de l'instruction du 1er octobre 1854*) (*Voir l'Art. 24 du règlement du 23 décembre 1845 au 4e nota de la page 22 de la dite instruction, et le nota de la page 38 de la même instruction.*)

(2) Voir les états des modèles N° 9, 9 bis et 83, joints à la circulaire N° 147 du 10 juin 1856, *Bull. off.* page 541, sur lesquels sont portés des exemples qui indiquent le mode à suivre pour l'établissement du décompte porté au pied des pièces justificatives constatant les entrées à charge de paiement.

dèle n° 8). Il fait mention de l'exercice sur lequel doit être imputé le paiement de la livraison (1).

Par suite des modifications apportées aux ordres de recette à titre d'achat, ces pièces pourront être remises, au fur et à mesure de la constatation des recettes, au comptable, qui y portera la déclaration de prise en charge. Elles ne comprendront que la valeur des objets à prendre en charge, d'après les prix officiels, lorsque les livraisons auront été frappées de retenues donnant lieu à des réclamations de la part des fournisseurs. A la fin du trimestre, lorsque la comptabilité lui sera remise pour qu'il en vérifie l'exactitude, le fonctionnaire chargé de la surveillance administrative du service complètera ces ordres en ce qui concerne les valeurs, d'après les prix du marché et la corrélation à y établir, et ils seront ensuite rattachés aux comptes avant leur transmission au ministère.

Circulaire N° 260 du 18 octobre 1855 (*Bul. offic.*, p. 770.

(1) Voir la circulaire N° 232 du 13 septembre 1855, *Bull. off.* page 703 relative au mode de constatation de la recette et de la délivrance des machines à vapeur.

Voir également l'instruction particulière concernant la recette des bâtiments construits par l'industrie et de leur matériel d'armement, insérée à la page 745 du *Bull. off.* du 16 août 1856, circul. N° 202.

Lorsqu'il y aura lieu d'assigner un prix à des objets nouveaux, non compris sur la nomenclature générale des approvisionnements généraux ou sur les inventaires des apparaux, ce prix devra être celui du marché, augmenté des frais d'emballage et de transport à la charge de la marine.

Quant aux objets destinés à l'approvisionnement des magasins et déjà classés dans la nomenclature, ils seront reçus par les comptables aux prix officiels ; ceux qui figurent déjà sur les inventaires des apparaux seront reçus par les agents administratifs aux prix de ces inventaires. (*Circul.* N° 50 du 16 mars 1858. Bull. off. *page 120*).

CESSIONS FAITES PAR DES SERVICES ÉTRANGERS A LA MARINE (1).

Art. 58 de l'instruction du 1er octobre 1854.

Les objets cédés par des services étrangers à la marine sont examinés, lors de la livraison, par une commission composée suivant les règles propres à chaque service.

Cette commission opère selon les formalités prescrites par les articles 56 et suivants de l'instruction du 1er octobre 1854, et, lorsqu'il y a lieu, en présence des officiers ou des représentants des services cédants.

La recette est justifiée par l'ordre de réception (*modèle n° 10*) donné par le commissaire aux approvisionnements, au vu du procès-verbal de visite. Cet ordre est revêtu de la déclaration de prise en charge par le comptable ; il est appuyé de la copie de la décision du ministre ou du préfet maritime qui a autorisé la cession, ou relate le numéro de la pièce justificative à laquelle se trouve rattachée cette décision. Il présente le double décompte des quantités reçues, évaluées aux prix d'inventaire et aux prix de cession. Il fait ressortir la différence entre ces deux décomptes.

Art. 59 de l'instruction du 1er octobre 1854.

Les matières propres au service provenant de navires ou d'objets réparés par la marine pour compte de services étrangers font entrée dans les magasins à titre de cessions.

La valeur en est déduite du montant des travaux exécutés, à rembourser par les dits services.

Les entrées de ces matières, visitées et classées ainsi qu'il est dit à l'article 542 de l'instruction du 1er octobre 1854, sont constatées par un certificat du directeur qui a fait exécuter le travail ; ce certificat (*modèle n° 11*) est appuyé de la copie de la décision qui a autorisé la répa-

---

(1) NOTA. Les envois de poudres et d'armes, faits par les manufactures du département de la guerre, sont considérés et classés comme mouvements de comptable à comptable du même service. (*Voir l'Art. 124 de l'instruction du 1er octobre 1854.*)

ration, ou relate le numéro de la pièce justificative à laquelle se trouve rattachée cette décision. Il est revêtu de l'ordre de réception donné par le commissaire aux approvisionnements, et de la déclaration de prise en charge par le comptable.

Les remboursements de cessions entre la marine et les services étrangers à la marine sont opérés d'après les règles spéciales à la comptabilité financière (1). Art. 60 de l'instruction du 1er octobre 1854.

CESSIONS FAITES PAR DES SERVICES DE LA MARINE.

Les cessions faites par les divers services de la marine ne peuvent avoir lieu que dans les circonstances suivantes : Art. 61 de l'instruction du 1er octobre 1854.

1° Lorsque l'urgence ne permet pas de pourvoir aux besoins par voie d'achat direct, ou que la cession, sans inconvénient pour le service cédant, est dans l'intérêt du service cessionnaire ;

2° Lorsque la situation des crédits ou de la dotation du service cessionnaire permet le remboursement du montant des matières et des objets à céder (2).

Il est formellement défendu de faire des cessions qui n'auraient pour objet que d'augmenter les ressources d'un service aux dépens d'un autre service.

Les cessions sont autorisées par le préfet maritime sur la proposition du commissaire général, par suite de Art. 62 de l'instruction du 1er octobre 1854.

(1) Voir au nota de l'art. 596, page 305 de l'instruction du 1er octobre 1854, la circulaire du 22 juillet 1847, N° 147, portant instruction sur le mode de remboursement des cessions.

(2) Les chapitres auxquels des cessions sont faites par d'autres chapitres doivent en réserver le montant sur leur dotation. (*Circul. N° 124 du 29 mai 1858*, Bull. off, *page 569.*)

la demande des chefs de service que les cessions peuvent concerner (1).

Art. 63 de l'instruction du 1er octobre 1854.

La recette des matières et des objets cédés par des services de la marine est justifiée par l'ordre de réception (*modèle n° 10*) donné par le commissaire aux approvisionnements, revêtu de la déclaration de prise en charge par le comptable. Cet ordre est appuyé de la copie de la décision en vertu de laquelle la cession a eu lieu, ou relate le numéro de la pièce justificative à laquelle cette copie est annexée.

Il présente le double décompte des quantités reçues, évaluées aux prix d'inventaire et aux prix de cession. Il fait ressortir les différences entre les deux décomptes (2).

Art. 64 de l'instruction du 1er octobre 1854.

Les dispositions de l'article 59 de l'instruction du 1er octobre 1854 sont applicables à l'entrée et à l'imputation des produits de la réparation d'objets appartenant à d'autres services de la marine.

Art. 65 de l'instruction du 1er octobre 1854.

Les cessions entre les divers services de la marine donnent lieu à des virements, d'après les règles spéciales à la comptabilité financière (3).

(1) Lorsqu'il a été reconnu utile qu'un service s'approvisionne, par voie de cession, de certaines matières et de certains objets, au lieu de pourvoir à l'approvisionnement par voie d'achats ou de confection, il suffit, pour valider toutes les cessions de ces matières ou objets, de mentionner sur les pièces justificatives, la décision de principe en vertu de laquelle les cessions sont effectuées.

L'autorisation spéciale n'est nécessaire que pour les objets dont la demande est nouvelle, ou donnerait lieu à contestations. *(Circul. du 21 septembre 1837 confirmée par dépêche du 9 juin 1846 à Cherbourg).*

(2) Voir dans le présent manuel, le nota correspondant à la prescription relative aux cessions faites à des services de la marine.

(3) Les cessions du chapitre *Poudres* aux services pour lesquels les achats ont été effectués, ne donnent pas lieu à remboursement. La cause du non remboursement doit être indiquée sur l'état résumant les cessions. *(Dépêche à Brest du 12 janvier 1847, N° 11.)*

Justification des produits des travaux exécutés dans les ateliers de la marine et par des entrepreneurs (1).

PRODUITS DE TRANSFORMATION DE MATIÈRES ET DE CONFECTION D'OBJETS.

Les produits de transformation de matières et de confection d'objets proviennent : Art. 66 de l'instruction du 1er octobre 1854.

1° De livraisons faites par les entrepreneurs de transformation de vieilles matières (2) ;

2° De travaux exécutés dans les ateliers du port ou par des entrepreneurs de façons d'ouvrages ou de travaux à prix faits.

Les livraisons faites par des entrepreneurs de transformation de vieilles matières en matières pouvant servir, sont Art. 67 de l'instruction du 1er octobre 1854.

---

(1) NOTA : On ne doit classer, sous ce titre, que les versements en magasin d'objets confectionnés par des services dont les dépenses sont imputées sur les mêmes crédits. Lorsque les travaux ont été exécutés par des services dont les dépenses ne sont point imputées sur les mêmes chapitres, l'entrée en magasin constitue une cession, et doit être classée sous ce titre. (*Voir les articles 63, 64 et 130 de l'instruction du 1er octobre 1854.*)

(2) Aux termes du règlement du 13 décembre 1845 et de l'instruction générale du 15 janvier 1846 les sorties de matières à transformer doivent être classées dans la comptabilité sous le titre : Emploi aux travaux, et les entrées provenant de transformation sous le titre de : Produits de transformation de matières et de confection d'objets. Cette règle s'applique aux transformations confiées à des entrepreneurs aussi bien qu'à celles qui sont effectuées dans les ateliers de la marine. Il est évident, en effet, que dans les deux cas, l'opération est de même nature.

Les dispositions que je viens de rappeler ont été quelquefois perdues de vue. Je vous prie de tenir la main à leur exécution.

Quel que soit le chapitre ou la section sur lequel les paiements aux entrepreneurs auront été imputés, les dépenses pour transformation devront être comprises dans le compte d'emploi, et, s'il y avait eu erreur d'imputation, ce serait dans le résumé des opérations financières que la fausse imputation devrait être signalée, afin de ramener la concordance entre le compte du matériel et le compte financier. (*Circul. du 4 mai 1850, Bull. off. page 309*).

constatées de la même manière que les entrées de matières brutes et ouvrées provenant d'achats. La recette est justifiée par un extrait du procès-verbal de recette (*modèle n°* *12*) revêtu de l'ordre de réception du commissaire aux approvisionnements et de la déclaration de prise en charge par le comptable.

Art. 68 de l'arrêté ministériel du 2 décembre 1857.

Les transformations et les confections dans les ateliers du port ou par des entrepreneurs, de matières et d'objets qui doivent être versés dans les magasins particuliers des directions, s'exécutent sur des billets (*modèle n° 13*) dressés par le garde-magasin particulier ou par l'agent chargé de la section ou du dépôt, d'après les indications des directeurs ou des officiers délégués, et dans les limites fixées conformément aux articles 6 et 16 de l'instruction du 1er octobre 1854; ces billets sont en simple expédition, signés par le comptable, visés par le commissaire aux approvisionnements et revêtus du bon à exécuter du directeur. Il en est tenu enregistrement (*modèle n° 14 modifié*) par le sectionnaire, qui inscrit en marge de chaque commande la date de son exécution (1).

Art. 69 et 555 de l'arrêté ministériel du 12 octobre 1859.

Au fur et à mesure que les versements s'opèrent des ateliers dans les magasins, ils sont annotés par le sectionnaire, en marge de la demande, sur le registre (*modèle n° 14 modifié*), et certifiés par la signature du maître de l'atelier.

---

(1) Les demandes de classement des objets non compris dans la nomenclature doivent être adressées au ministre dès que la nécessité de classer ces objets est reconnue. (*Circul. du 22 octobre 1846.*) Les demandes de classement doivent faire connaître l'origine et la destination des matières et des objets à classer ; la forme, les dimensions, le poids de ces matières ou de ces objets, l'usage auquel ils sont destinés, les différences qui les distinguent des matières ou des objets analogues. Le croquis de l'objet, lui-même, peut quelquefois être indispensable. (*Circul. N° 99 du 24 mars 1853,* Bull. off. *page 263.*)

Le sectionnaire donne reçu des objets qui lui sont remis
sur un registre tenu dans l'atelier.

A la fin du trimestre, il est remis au garde-magasin
particulier, par le directeur, un état (*modèle n°. 15 modifié*)
présentant, par section de magasin, les objets versés pendant le trimestre (1). Cet état porte évaluation des objets
versés en magasin. Il est revêtu de l'ordre de réception
donné par le commissaire aux approvisionnements.

Le garde-magasin particulier, après s'être assuré qu'il a
reçu les objets détaillés sur cet état, y certifie la prise en
charge. Il enregistre les versements sur son livre-journal et
sur son grand livre, et il joint le dit état, comme pièce
justificative, à l'appui de sa comptabilité.

Les rapports des ateliers avec les magasins sont décrits
au titre V, chapitre 1er de l'instruction du 1er octobre 1854,
sous le titre : *De la comptabilité de l'emploi des matières aux
travaux et de la main-d'œuvre qui s'y rattache.*

Les livraisons faites par des entrepreneurs de façons Art. 70 de l'instruc-
d'ouvrages ou de travaux à prix faits sont constatées dans tion du 1er octobre 1854.
les formes prescrites par les articles 561, 562 de l'instruc-
tion du 1er octobre 1854, et 563 de l'arrêté ministériel du
2 décembre 1857. Elles sont justifiées ainsi qu'il est dit
en l'article 69 de l'arrêté ministériel du 12 octobre 1859,
à l'égard des produits des travaux exécutés dans les ateliers.

PRODUIT DES EXTRACTIONS ET DES EXCAVATIONS FAITES PAR LA MARINE.

Les produits des extractions et des excavations faites par Art. 71 de l'instruc-
la marine sont constatés et leur entrée est justifiée suivant tion du 1er octobre 1854.

---

(1) NOTA : Cet état doit comprendre tous les objets versés, pendant le
trimestre, même ceux qui feraient partie d'une commande non achevée.
(Arrêté ministériel du 12 octobre 1859, page 6.)

les formes prescrites par les articles 66 et suivants de l'instruction du 1ᵉʳ octobre 1834, à l'égard des produits des transformations et des confections effectuées dans les ateliers du port ou par des entrepreneurs.

RÉSIDUS DES MATIÈRES MISES EN ŒUVRE.

Art. 72 de l'instruction du 1ᵉʳ octobre 1854.

La recette des résidus provenant de matières mises en œuvre est constatée selon les formes prescrites par les articles 542 et 543 de l'arrêté ministériel du 12 octobre 1859, et 544 de l'instruction du 1ᵉʳ octobre 1834.

Elle est justifiée par un extrait de procès-verbal de visite (*modèle n° 24 ter*) revêtu de l'ordre de réception donné par le commissaire aux approvisionnements, et de la déclaration de prise en charge par le comptable.

PRODUITS DE RÉPARATION DE NAVIRES, D'ÉDIFICES ET D'ACCESSOIRES DE COQUES, D'EMMÉNAGEMENT ET D'ARMEMENT.

Art. 73 de l'arrêté ministériel du 12 octobre 1859.

Lorsque, en vertu de l'ordre donné par le ministre, il est procédé à la réparation d'un bâtiment de mer ou d'un édifice, les produits de cette réparation sont inscrits jour par jour sur un journal (*modèle n° 17*) tenu par le maître ou par le contre-maître chargé de suivre l'opération, sous la surveillance du commissaire aux travaux ou d'un délégué de ce commissaire.

Il est ouvert, en outre, par ce maître ou contre-maître, un compte (*modèle n° 18*) par nature d'unités dans lequel sont portés en recette les produits inscrits au journal, et en dépense les matières remises successivement aux services compétents.

Les journaux et les comptes ouverts tenus par les maîtres

ou contre-maîtres sont soumis à la vérification du commissaire aux travaux.

La recette des matières et des objets provenant de la réparation des navires et des édifices, ainsi que de la réparation des accessoires de coques, d'emménagement et d'armement, est constatée selon les formes prescrites par l'article 542 de l'arrêté ministériel du 12 octobre 1859, à l'égard des résidus des matières mises en œuvre.

Elle est justifiée par l'extrait du registre des procès-verbaux de visite (*modèle n° 24 ou 24 ter*), revêtu de l'ordre de réception donné par le commissaire aux approvisionnements, et de la déclaration de prise en charge par le comptable.

Art. 74 de l'arrêté ministériel du 12 octobre 1859.

PRODUITS DE RÉPARATIONS, D'INSTALLATIONS ET DE DÉMONTAGE D'OBJETS DIVERS EN SERVICE.

La recette des matières et des objets provenant de réparations, d'installations et de démontage d'objets divers en service est constatée selon les formes prescrites par l'article 542 de l'arrêté ministériel du 12 octobre 1859.

Le versement en magasin de ces produits est justifié ainsi qu'il est dit à l'article 72 de l'instruction du 1er octobre 1854 (*modèle n° 24 ou 24 ter*).

Toutefois, lorsque les produits proviennent d'objets appartenant à des services étrangers à la marine ou à d'autres services de la marine, il en est fait recette à titre de cession, ainsi qu'il est dit aux articles 59 et 64 de l'instruction du 1er octobre 1854.

Art. 77 de l'arrêté ministériel du 12 octobre 1859.

Justification des entrées provenant de services dont la
comptabilité est suivie sur inventaire particulier.

REMISES FAITES PAR LES BATIMENTS.

Art. 91 de l'arrêté
ministériel du 12
octobre 1859.

Immédiatement après l'approbation, par le directeur
compétent, du procès-verbal de visite des objets remis par
les bâtiments, les matières et les objets reconnus en bon
état par la commission sont versés en magasin.

Les objets à réparer restent déposés dans les ateliers
jusqu'après leur réparation; mais le comptable en prend
charge en échange du récépissé qui lui est donné par le
maître d'atelier, sur le registre (*modèle n° 14 modifié*).

Il est tenu dans chaque section ou dépôt une balance
(*modèle n° 66 bis*) des objets à réparer.

Les directeurs sont tenus de faire mettre en état, dans
le plus court délai possible, les objets à réparer provenant
de remise, et d'en faire opérer le versement effectif dans
les magasins.

Art. 92 de l'instruc-
tion du 1er octobre
1854.

Les matières et les objets destinés à être vendus sont
versés au magasin général pour compte du magasin particulier. Cette opération est régularisée dans la comptabilité de ce magasin particulier, par une écriture de recette
et de dépense pour ordre. La recette est justifiée comme
il est dit en l'article 104 de l'arrêté ministériel du 12
octobre 1859, et la dépense comme il est dit en l'article
129 de l'instruction du 1er octobre 1854 (1).

---

(1) NOTA : Il résulte des nouvelles dispositions que les objets destinés à
être vendus seront désormais portés dans le compte des remises à rendre par les directeurs et à la décharge des bâtiments. Jusqu'à nouvel
ordre, ils seront évalués au prix moyen des dernières ventes.

Les objets à démolir restent dans les ateliers. La démo-lition en est exécutée sous la direction des officiers chargés des ateliers et sous la surveillance du commissaire aux travaux. Les produits de la démolition sont constatés sur un carnet (*modèle n° 22*) tenu par le maître, certifié par l'officier chargé de la surveillance de l'atelier, et vérifié et visé par le commissaire aux travaux. Les résultats de chaque opération sont reportés sous les mêmes certifications en marge du procès-verbal de visite.

Art. 63 de l'instruc-tion du 1er octobre 1854.

Les produits de la démolition sont versés sans délai en magasin. Si ces produits doivent être réparés dans un atelier autre que celui qui a opéré la démolition, le versement en magasin a lieu par l'intermédiaire de l'atelier qui doit faire la réparation, et dans les formes prescrites par les articles 87 et suivants de l'instruction du 1er octobre 1854.

Dans tous les cas, le versement est effectué au nom du bâtiment d'où proviennent les objets démolis.

Art. 94 de l'instruc-tion du 1er octobre 1854.

Les matières et les objets mentionnés aux articles 91 de l'arrêté ministériel du 12 octobre 1859, 92 et 94 de l'ins-truction du 1er octobre 1854, sont versés en magasin au moyen de bordereaux de versement (*modèle n° 22 bis*) si-gnés par les maîtres des ateliers qui opèrent les versements.

Art. 94 *bis* de l'arrêté ministériel du 2 dé-cembre 1857.

Les matières et les objets à détruire sont détruits sous la direction de l'officier chargé de l'atelier et sous la sur-veillance du commissaire aux travaux.

La destruction est constatée sur le registre des remises en marge du procès-verbal de visite.

Art. 95 de l'instruc-tion du 1er octobre 1854.

Il est tenu, dans chaque atelier, un registre des remises (*modèle n° 21*) sur lequel il est pris charge, au titre du bâtiment qui a opéré la remise, de toutes les matières et

Art. 101 de l'arrêté ministériel du 2 dé-cembre 1857.

de tous les objets dont il a été donné récépissé. L'inscription au registre des remises est faite à la date du récépissé
donné par le maître de l'atelier au comptable du bâtiment (1).
Il est fait mention sur ce registre du classement et de la
destination donnés à ces matières ou à ces objets.

Au fur et à mesure des versements effectifs dans les
magasins, soit des matières et des objets, soit des produits
de la démolition, le comptable ou son agent en donne récépissé sur le registre des remises, en marge de chaque
article.

En cas de retard prolongé dans le versement en magasin
des matières et des objets remis dans les ateliers pour être
réparés, le comptable doit en informer le commissaire aux
approvisionnements qui donne telle suite que les circonstances comportent.

Art. 104 de l'arrêté ministériel du **12** octobre **1859.** Les recettes des matières et des objets provenant de remises sont justifiées dans les écritures des comptables par
un état mensuel extrait du registre des procès-verbaux
(*modèles* n° *24 bis* ou *24 ter*) ; le dit extrait certifié par le
directeur, vérifié par le commissaire aux travaux, et revêtu de l'ordre de réception donné par le commissaire aux
approvisionnements, ainsi que la déclaration de prise en
charge par le comptable.

Il est dressé des extraits spéciaux pour les remises faites
par les bâtiments de servitude et par le matériel flottant.

---

(1) Il doit y avoir concordance sous le rapport de la date des opérations
entre la comptabilité des bâtiments et celle des arsenaux.

REMISES FAITES PAR LE SERVICE DES APPARAUX, MACHINES, USTENSILES
ET OUTILS.

Remises faites par les divers services.

Les remises définitives ou à charge de remplacement pro- Art. 107 de l'instruction du 1er octobre
1854 et Circulaire
N° 246 du 3 octo-
bre 1803 (Bulletin
officiel, p. 300).
venant :

Du service des apparaux, machines, ustensiles et outils,

Du mobilier des hôtels, bureaux et autres établissements,

Des équipages de la flotte et des corps de troupes de la
marine,

Des forts et batteries dépendants de la marine,

Des postes électro-sémaphoriques,

Du service des sciences et arts maritimes,

Du dépôt des échantillons et types,

Sont opérés au moyen de billets (*modèle n° 25 bis*) expédiés par le service qui remet; elles sont soumises aux
formalités prescrites à l'égard des remises faites par les
bâtiments.

La visite des objets remis par les corps de troupe a lieu
d'après les règles spéciales à l'administration et à la comptabilité de ces corps.

Les remises provenant des services indiqués ci-dessus
sont justifiées par un extrait du procès-verbal de visite
(*modèle n° 24, 24 bis et 24 ter*), revêtu de l'ordre de
réception donné par le commissaire aux approvisionnements,
et de la déclaration de prise en charge par le comptable.

REVERSEMENTS DE MATIÈRES ET D'OBJETS DÉLIVRÉS ET NON EMPLOYÉS POUR
DES EXPÉRIENCES ORDONNÉES, AINSI QUE DES PRODUITS ET DES RÉSIDUS
PROVENANT DES MATIÈRES EMPLOYÉES A CES EXPÉRIENCES.

Les matières et les objets qui, ayant été délivrés pour Art. 108 de l'instruction du 1er octobre
1854.
des expériences ordonnées, n'ont point été employés, les

produits de ces expériences, ainsi que les résidus provenant des matières employées, sont reversés dans les magasins par les soins du chef de service ou du président de la commission qui a procédé aux expériences.

La recette est opérée et justifiée dans les formes prescrites par l'article 107 de l'instruction du 1er octobre 1854.

ENVOIS FAITS PAR LES DÉPOTS ÉTABLIS HORS DU TERRITOIRE CONTINENTAL (1).

Art. 109 de l'instruction du 1er octobre 1854.

Les entrées de matières et d'objets provenant d'envois faits par les dépôts établis hors du territoire continental sont constatées dans les formes prescrites par les articles 119 et suivants de l'instruction du 1er octobre 1854, à l'égard des envois des autres ports. Elles sont justifiées par l'extrait des procès-verbaux de recette (*modèle n° 30*) (2) appuyé de la facture d'envoi, et revêtu de l'ordre de réception donné par le commissaire aux approvisionnements, ainsi que de la déclaration de prise en charge par le comptable.

RÉINTÉGRATION DANS LES MAGASINS DE MATIÈRES ET D'OBJETS PRÊTÉS.

Art. 110 de l'instruction du 1er octobre 1854 et circulaire

Les entrées provenant de la réintégration de matières et d'objets prêtés sont constatées dans les formes prescrites

---

(1) Les envois de matériel aux ports de l'Algérie et les réceptions de matériel provenant de ces ports doivent être constatés dans les comptes des comptables en France, sous le titre : sorties ou entrées réelles, envois faits à des dépôts ou par des dépôts situés hors du territoire continental ; les mouvements correspondants doivent avoir lieu dans les écritures des comptables en Algérie sous le même titre : envois des ports de France. Envois aux ports de France. (*Circ. N° 26 du 19 février 1858. B. O. p. 71.*)

(2) Le même procès-verbal de recette ne doit pas comprendre des objets de matériel appartenant à divers services. (*Circul, No 227 du 6 septembre 1855, Bull. off.. page 697.*)

par l'article 58 de l'instruction du 1ᵉʳ octobre 1854, à l'égard des cessions faites par des services étrangers à la marine. Elles sont justifiées par un extrait du procès-verbal de visite (*modèles n° 24 bis et 24 ter*), revêtu de l'ordre de réception donné par le commissaire aux approvisionnements et de la déclaration de prise en charge par le comptable.

314 du 28 décembre 1863 *(Bulletin offi- ciel*, p. 636).

Quant aux avis de réintégration qui, aux termes des articles 109 et 110 de l'instruction du 1ᵉʳ octobre 1854, doivent être transmis au ministre au fur et à mesure des opérations qu'ils sont appelés à constater, ils devront être annexés, à l'avenir, comme pièces justificatives, au compte récapitulatif, avec les procès-verbaux des commissions de visite, les récépissés de versement au trésor et les copies d'ordres en vertu desquels les prêts ont eu lieu. Les pièces justificatives reçoivent des numéros d'ordre qui sont relatés sur le compte récapitulatif, et dont la série, distincte pour chaque catégorie de matériel, est renouvelée chaque année.

Par application des articles 143 et 596 de l'instruction du 1ᵉʳ octobre 1854, et en exécution des prescriptions des circulaires des 4 décembre 1855 et 23 juin 1857 (*Bulle- tin officiel*, pages 889 et 520), il y a lieu d'augmenter d'un quart le montant des détériorations qu'auront subies les objets réintégrés, lorsque ces détériorations sont mises à la charge des détenteurs, ainsi que cela se pratique pour la valeur des objets prêtés et non représentés. Une colonne spéciale a été consacrée, sur le compte récapitulatif, à l'ins- cription du quart en sus dont doivent être grevées les som- mes versées au trésor.

Justification des produits divers dont la valeur vient en atténuation des frais généraux.

RÉINTÉGRATION DANS LES MAGASINS DE MATIÈRES ET D'OBJETS ENLEVÉS EN FRAUDE ET SAISIS.
RÉINTÉGRATION DANS LES MAGASINS DE MATIÈRES ET D'OBJETS RECUEILLIS DANS L'ENCEINTE DE L'ARSENAL.
SAUVETAGES.

Art. 111 de l'instruction du 1er octobre 1854.

La réintégration, dans les magasins, de matières et d'objets enlevés en fraude et saisis, la réintégration de matières et d'objets recueillis dans l'enceinte de l'arsenal et les entrées provenant de sauvetages (1), sont constatées et justifiées selon les formes prescrites par l'article 107 de l'instruction du 1er octobre 1854, à l'égard des remises faites par les divers services.

PRODUITS DE DÉMOLITION DE NAVIRES ET D'ÉDIFICES.

Art. 112 de l'arrêté ministériel du 12 octobre 1859.

La recette des matières et des objets provenant de la démolition des navires et des édifices est constatée et justifiée (modèle n° 24 bis ou 24 ter) selon les formes prescrites par les articles 73 et 74 de l'arrêté ministériel du 12 octobre 1859, à l'égard des produits des réparations des navires et des édifices.

A la fin de chaque trimestre, un état (2) des matières et des objets retirés de la démolition des navires et des

(1) NOTA : C'est sous le titre *Sauvetages* que doivent être classés, mais en un article distinct, les entrées en magasin des matières provenant d'un bâtiment naufragé à l'extérieur.

(2) NOTA : Il pourra être fait usage de l'imprimé N° 48 dont la formule sera appropriée à cette destination.

édifices est dressé par le maître, certifié par l'officier chargé de la surveillance du travail, vérifié et visé par le délégué du commissaire aux travaux, et remis à l'agent administratif avec les duplicata des billets de remise pour servir à la tenue du compte ouvert mentionné à l'article 577 de l'arrêté ministériel du 12 octobre 1859.

RECETTE DES MATIÈRES EMPLOYÉES AUX ÉPREUVES DES LIVRAISONS
FAITES PAR LES FOURNISSEURS ET REBUTÉES.
PRODUITS ET RÉSIDUS DES MATIÈRES EMPLOYÉES AUX ÉPREUVES.

Lorsque les matières livrées par les fournisseurs sont éprouvées dans les travaux de confection et de fabrication qui s'exécutent dans les ateliers (1), et que ces matières sont rebutées, il est fait recette pour ordre des quantités employées aux épreuves et constatées par les procès-verbaux des commissions.

Art. 113 de l'instruction du 1er octobre 1854.

Il est également fait recette des produits des matières employées aux épreuves des livraisons faites par les fournisseurs, ainsi que des résidus provenant de ces matières.

Lorsque la commission a procédé elle-même aux épreuves, la recette est justifiée par un extrait du procès-verbal (modèle n° 50) de la commission qui a procédé à l'examen des matières livrées. Cet extrait est revêtu de l'ordre de réception donné par le commissaire aux approvisionnements, et de la déclaration de prise en charge par le comptable.

Dans le cas où les matières livrées ont été éprouvées dans les travaux exécutés dans les ateliers, la recette des produits et des résidus de ces matières est classée et justifiée ainsi qu'il est dit aux articles 69 de l'arrêté minis-

---

(1) NOTA : L'emploi de ces matières doit être constaté dans la comptabilité des travaux.

tériel du 12 octobre 1859, et 72 de l'instruction du 1ᵉʳ octobre 1854.

PRODUITS DE RÉPARATIONS D'OBJETS EN APPROVISIONNEMENT.

Art. 114 de l'arrêté ministériel du 12 octobre 1859.

L'augmentation de poids ou de dimension résultant de la réparation des objets à la charge d'un comptable de magasin est constatée et justifiée par un certificat (*modèle n° 27*) du directeur qui a fait exécuter la réparation, vérifié par le commissaire aux travaux et revêtu de l'ordre de régularisation donné par le commissaire aux approvisionnements, ainsi que de la déclaration de prise en charge par le comptable (1).

La recette des matières provenant de la réparation d'objets en approvisionnement est constatée selon les formes prescrites par l'article 542 de l'arrêté ministériel du 12 octobre 1859. Le versement en magasin de ces matières est justifié ainsi qu'il est dit à l'article 72 de l'instruction du 1ᵉʳ octobre 1854.

ENTRÉES D'OBJETS DONT LE CLASSEMENT A ÉTÉ CHANGÉ PAR SUITE DE RÉPARATIONS OU DE MODIFICATIONS.

Art. 115 de l'instruction du 1ᵉʳ octobre 1854.

La recette des objets dont le classement a été changé par suite de réparation, de zingage et autres opérations analogues, est constatée et justifiée ainsi qu'il est dit en l'article 205 de l'arrêté ministériel du 2 décembre 1857.

---

(1) Voir dans le présent manuel le nota correspondant à la prescription : *Déchets par suite de réparation.*

ENTRÉES DE MATIÈRES ET D'OBJETS DÉCLASSÉS ET DE PRODUITS DE
DÉMOLITION DE MATIÈRES ET D'OBJETS EN APPROVISIONNEMENT.

Les entrées provenant du déclassement (1) ou de la démo- Art. 116 de l'instruc-
tion du 1er octobre
1854.
lition de matières et d'objets en approvisionnement s'opèrent
sur l'ordre de réception donné par le commissaire aux
approvisionnements (*modèles n°s 51, 52, 53 et 55*), après que
toutes les formalités prescrites par les articles 205 à 211
de l'instruction du 1er octobre 1854 ont été accomplies.
Cet ordre est revêtu de la déclaration de prise en charge
par le comptable. Lorsqu'il concerne des entrées provenant
de la démolition d'objets en approvisionnement, il indique
le numéro du procès-verbal qui constate cette démolition
et justifie la sortie des objets démolis.

EXCÉDANTS CONSTATÉS PAR RECENSEMENT.

Les excédants sont constatés par le procès-verbal (*mo-* Art. 117 de l'instruc-
tion du 1er octobre
1854.
dèle n° 57) de l'officier du commissariat qui a opéré le
recensement des matières et des objets.

Ils sont justifiés par ce procès-verbal, revêtu : 1° de
l'approbation du ministre ; 2° de l'ordre d'exécution du
commissaire aux approvisionnements ; et 3° de la déclaration
de prise en charge par le comptable.

CHANGEMENT DE CLASSIFICATION.

Lorsqu'il a été reconnu que des matières ou des objets Art. 118 de l'instruc-
tion du 1er octobre
1854.
ont été portés dans les écritures, sous des numéros ou des

---

(1) Voir les explications relatives aux déclassements et aux changements
de classification contenues dans la circulaire n° 305 du 17 septembre 1852.
(*Bul. off.* page 281 à 283.)

unités autres que ceux qui leur sont affectés dans la nomenclature générale, ou peuvent être utilisés avec une désignation et des numéros autres que ceux sous lesquels ils figurent dans les écritures sans qu'il n'y ait rien à changer ni dans leur forme, ni dans leurs dimensions (1), la rectification de la classification est opérée, de concert, s'il y a lieu, avec le directeur compétent, sur l'ordre (*modèle n°* *28*) du commissaire aux approvisionnements, revêtu de la déclaration faite par le comptable de la prise en charge des matières ou des objets sous leur classification rectifiée.

Justification des entrées d'ordre.

§. 1er.

MOUVEMENTS DE COMPTABLE A COMPTABLE DU MÊME SERVICE.

ENVOIS FAITS PAR LES MAGASINS DE PARIS, PAR LES AUTRES PORTS ET PAR LES ÉTABLISSEMENTS SITUÉS HORS DES PORTS (2).

Art. 119 de l'instruction du 1er octobre 1854.

Les matières et les objets envoyés par les magasins de Paris, les autres ports, les forges, fonderies et autres établissements de la marine, situés sur le territoire continen-

---

(1) Voir les explications relatives aux déclassements et aux changements de classification contenues dans la circulaire N° 305 du 17 septembre 1852. *[Bulletin officiel*, page 281 à 283.*]*

(2) Les matières et les objets provenant d'envois faits par les manufactures d'armes, les poudreries, le dépôt des cartes et plans (*service des approvisionnements généraux*), le magasin du Ministère et les fournisseurs ainsi que le matériel acheté à l'Etranger par des agents diplomatiques ou par des fonctionnaires de la Marine en mission, sont pris en charge dans les écritures du port de destination sous le titre unique : *Envois de Paris.* Ce mode de procéder n'est pas régulier, et présente des difficultés lorsqu'il s'a-

tal, sont introduits dans l'arsenal sur l'ordre d'introduction donné par le commissaire aux approvisionnements, au pied de la lettre de voiture, facture ou connaissement.

Lorsque les objets sont emballés, un sous-commissaire aux approvisionnements examine, l'inspection ayant été préalablement avertie, l'état des caisses et colis, en présence de l'agent chargé du transport, ou, si le transport a été effectué par un bâtiment de l'Etat, en présence d'un officier ou aspirant délégué par le commandant du bâtiment. Il constate si les caisses et colis n'ont éprouvé aucune avarie, si les plombs n'ont point été brisés, et si le poids est conforme aux indications présentées par les factures. Il dresse procès-verbal de cet examen.

---

git de vérifier les réceptions au moyen de la comptabilité d'ordre suivie dans mes bureaux.

Je vous prie de vouloir bien donner des ordres pour qu'à l'avenir il soit fait mention, dans les pièces justificatives et dans les relevés de l'établissement, du fournisseur ou des agents qui ont effectué les envois. Cette disposition s'applique également aux expéditions que les ports et établissements maritimes font aux manufactures d'armes, aux poudreries, au dépôts des cartes et plans et au magasin du Ministère.

Je ferai remarquer, à cette occasion, que les certificats de réception relatifs aux envois dont il est question, ne m'ont pas toujours été régulièrement adressés, notamment en ce qui concerne les machines achetées à l'étranger ou en France. Je dois rappeler à cet égard, qu'au terme de la circulaire du 13 septembre 1855 (*B. O. p. 703*), ces documents doivent être dressés par les comptables ou par les agents administratifs, suivant que les objets ont été pris en charge dans les magasins, inscrits directement sur les inventaires des bâtiments ou sur les inventaires des apparaux en service dans les ateliers (*Circ. No 52 du 23 mars 1858, Bull. off., p. 123.*)

Les dispositions des art. 119 à 123 inclus de l'instruction du 1er octobre 1854 sont applicables aux réceptions dans les ports secondaires, d'objets envoyés par l'intermédiaire de ces ports à des bâtiments en cours de campagne ou à des stations navales. (*Voir le 3e § de l'art. 190 de l'arrêté ministériel du 12 octobre 1859.*)

Les réintégrations en magasin des objets expédiés aux bâtiments et non parvenus à destination, sont soumises aux formalités prescrites à l'égard des entrées provenant d'envois, par les articles 119 et suivants de l'instruction du 1er octobre 1854 (*Circ. n° 52 du 8 mars 1856 Bull. off., p. 169.*)

En cas de réclamation de la part de l'agent chargé du transport, ou de l'officier ou aspirant délégué par le commandant, il est sursis à l'ouverture des caisses et colis, et il en est référé au préfet maritime, qui statue après avoir pris l'avis d'une commission, s'il y a lieu.

Art. 120 de l'instruction du 1er octobre 1854.

Il est procédé à l'ouverture des caisses et colis dont l'état a été définitivement constaté.

Les matières et les objets contenus dans ces caisses et colis sont examinés, sous le rapport de la qualité, par une commission convoquée par le commissaire aux approvisionnements, et composée ainsi qu'il est dit à l'article 55 de l'instruction du 1er octobre 1854. L'inspecteur est informé de la convocation de cette commission. Le garde-magasin général ou son représentant, ou celui de ses préposés comptables qui doit prendre charge des objets provenant d'envoi, assiste aux opérations de la commission. Les objets sont classés, sous le rapport de la qualité, ainsi qu'il est dit à l'article 88 de l'arrêté ministériel du 2 décembre 1857.

Les quantités sont constatées selon les formes prescrites par les articles 41 et suivants de l'instruction du 1er octobre 1854 (1), à moins que les caisses et colis n'aient été reconnus avariés ou les plombs brisés. Dans ces deux derniers cas, la constatation des quantités est faite par la commission, en présence de l'agent chargé du transport ou de l'officier ou aspirant délégué par le commandant.

Toutefois, lorsque les caisses et colis sont reçus par un port pour être réexpédiés à leur destination définitive, et qu'il est reconnu que ces caisses et colis ne sont ni avariés ni altérés, il n'est point procédé à leur ouverture. Mention de cette circonstance est faite dans le procès-verbal de

---

(1) Nota : Les caisses, la toile, etc., ayant servi aux emballages, doivent être portés en recette à titre de : *Mouvement de comptable à comptable*.

visite et dans le certificat de réception à transmettre au ministre.

Le magasinier chargé de la salle de dépôt, le comptable ou l'agent qui a reçu, donne récépissé à l'agent chargé du transport.

Lorsque les matières et les objets provenant d'envoi ne sont point renfermés dans des caisses ou colis, il est procédé à la constatation de la qualité et à celle des quantités dans les formes prescrites par les articles 35 et suivants de l'instruction du 1er octobre 1854, et en présence de l'agent chargé du transport ou de l'officier ou aspirant délégué par le commandant.

Art. 121 de l'instruction du 1er octobre 1854.

Dans les dix jours qui suivent la constatation de la recette, il est adressé au ministre un certificat de réception (*modèle n° 29*). Ce certificat indique la date de la prise en charge dans les écritures du comptable (1).

Art. 122 de l'instruction du 1er octobre 1854.

S'il est reconnu des différences entre les quantités por-

---

(1) La régularisation de la comptabilité des objets en cours de transport pour l'année 1852 vient de faire de nouveau reconnaître qu'un grand nombre de documents concernant des envois et des réceptions effectués au commencement et à la fin de l'année sont entachés d'erreurs. Ainsi, par exemple, des pièces qui portaient en tête le millésime de 1852 et le mois de décembre de la même année, constataient des sorties ou des prises en charge effectuées en 1853, tandis que d'autres pièces portant le millésime de cette dernière gestion, constataient des opérations effectuées en 1852. Ces erreurs ont réagi sur la comptabilité centrale des objets en cours de transport.

Je vous prie de donner les ordres nécessaires pour qu'elles ne se renouvellent plus. Lorsque l'opération sera effectuée dans une année autre que celle qu'indiquera l'ordre de réception ou d'expédition, les comptables devront avoir le soin de provoquer les rectifications nécessaires, de telle sorte que les documents dont il s'agit indiquent toujours exactement l'année et le mois pendant lesquels la prise en charge ou la sortie a réellement eu lieu. (*Circulaire du 4 août 1853*, Bull. off., p. 458.)

tées sur les factures et les avis d'expédition et celles qui ont été reçues, ou si, par une cause quelconque, des pertes ou des avaries ont eu lieu pendant le transport, une expédition du procès-verbal de recette, et, s'il y a lieu, les pièces justificatives des pertes ou des avaries, sont jointes au certificat de réception (1).

Art. **123** de l'arrêté ministériel du 2 décembre 1857

Le garde-magasin général ou le garde-magasin particulier, suivant le cas, fait recette, à titre de : *mouvements de comptable à comptable*, des matières et des objets provenant

(1) Dans les envois réciproques des ports et établissements de la marine, il arrive fréquemment que des différences parfois considérables, et portant notamment sur des matières et des objets dont le compte est suivi au poids, sont reconnues entre les quantités inscrites sur les factures et avis d'expédition, et les quantités constatées par les commissions de récette, aux ports de destination.

Les procès-verbaux de recette n'offrent le plus souvent que des indications vagues ou incertaines sur les causes qui ont pu produire les différences reconnues. L'absence de renseignements, suffisamment détaillés et précis, ne me permet pas de statuer immédiatement sur les cas de responsabilité.

Il importe de faire cesser cette cause de retard dans la régularisation du compte des objets en cours de transport.

Vous voudrez bien prescrire aux officiers chargés d'opérer la recette des objets provenant d'envoi, d'apporter le plus grand soin dans la constatation de l'état des caisses et colis.

Toutes les fois qu'il y aura lieu de procéder au pesage, la précision des balances devra être vérifiée plusieurs fois dans le cours des opérations. Si des inexactitudes étaient reconnues, il serait nécessaire de recommencer le pesage. Toutes les circonstances de la recette seront relatées avec détail dans le rapport de la commission, qui devra conclure par une opinion motivée.

Le fonctionnaire chargé de la surveillance administrative du magasin auquel les objets sont destinés, devra veiller à ce que les commissions ne négligent point de remplir toutes leurs obligations. (*Circulaire du 30 septembre 1849*, Bull. off., *p. 668.*)

L'article 122 de l'instruction générale du 1er octobre 1854 prescrit de joindre une copie du procès-verbal de recette aux certificats de réception qui présentent des différences. En vue de diminuer le travail des ports, j'ai

d'envoi, d'après l'extrait des procès-verbaux de recette
(*modèle n° 30*) revêtu de l'ordre de réception donné par
le commissaire aux approvisionnements, et sur lequel il
signe sa déclaration de prise en charge.

Il se charge en recette des quantités réellement reçues,
d'après le classement qui a été fait par la commission de
visite. Il se conforme aux indications données par le port
expéditeur, relativement à la classification, par service,
des matières et des objets expédiés.

Lorsque des objets provenant d'envoi ont été reconnus

---

décidé qu'il ne sera, désormais, annexé à ces certificats qu'un extrait du
procès-verbal, lequel au lieu de relater toutes les matières comprises dans
l'envoi, ne mentionnera plus que les quantités présentant des excédants ou
des déficits, et celles qui auraient nécessité des changements de classification par suite d'avaries ou d'erreurs commises aux ports expéditeurs. J'a-
joute qu'on ne devra plus reproduire sur les certificats de réception, ainsi
qu'on l'a fait très-souvent, les explications déjà consignées au procès-verbal
de recette sur les causes des différences constatées.

Lorsque les différences se seront produites dans des envois composés de
plusieurs caisses, futailles ou ballots, l'administration ne devra pas omettre
de faire relater, dans l'extrait du procès-verbal, le numéro ou la marque
du colis dans lequel les différences auront été reconnues ; et, dans le cas ou
les différences concerneraient des matières et des objets expédiés en barres,
en bottes, en pièces ou en paquets, on indiquera si le nombre de barres,
de bottes, etc., a été trouvé exact. (*Circulaire n° 165 du 8 juillet 1856*,
Bullet. off., *p. 594.*)

Les certificats de réception doivent être dressés par les comptables ou
par les agents administratifs suivant que les objets ont été pris en charge
dans les magasins, inscrits directement sur les inventaires des bâtiments
ou sur les inventaires des apparaux en service dans les ateliers.

Il doit être fait mention, dans les pièces justificatives et dans les relevés,
de l'établissement, du fournisseur, ou des agents qui ont effectué les envois.
Cette disposition s'applique également aux expéditions que les ports et
établissements maritimes font aux manufactures d'armes, aux poudreries,
au dépôt des cartes et plans et au magasin du ministère. *(Circulaire
n° 52 du 23 mars 1858*, Bull. off., *p. 123.*)

Une ampliation des récépissés de versement au trésor des déficits imputés
à l'agent chargé du transport, doit être annexée au certificat de réception.
(Circulaire n° 107 du 14 mai 1858, Bull. off., *p 531.)*

avoir besoin d'être réparés, la réparation a lieu sur la demande du comptable (*modèle n° 23 bis*). Ces billets sont en simple expédition, signés par le comptable, visés par le commissaire aux approvisionnements et par le directeur qui doit faire exécuter le travail.

Il en est tenu enregistrement (*modèle n° 14 modifié*) par le sectionnaire, qui inscrit en marge de chaque commande la date de son exécution.

La situation des objets à réparer est, en outre, suivie sur la balance (*modèle n° 66 bis*) dont la tenue est prescrite à l'article 91 de l'arrêté ministériel du 12 octobre 1859.

ENVOIS FAITS PAR LES POUDRERIES ET PAR LES MANUFACTURES D'ARMES DU DÉPARTEMENT DE LA GUERRE (1).

Art. 124 de l'instruction du 1er octobre 1854.

Les envois faits par les poudreries et par les manufactures d'armes du département de la guerre font l'objet d'une comptabilité intermédiaire qui est tenue par l'administration centrale, à Paris.

Ils sont reçus dans les ports à titre de mouvements de comptable à comptable du même service, et suivant les règles tracées par les articles 119 à 123 inclus de l'instruction du 1er octobre 1854.

ENVOIS DIRECTS PAR LES FOURNISSEURS D'OBJETS DONT LA RECETTE DOIT AVOIR LIEU DANS LE PORT ET LA LIQUIDATION A PARIS.

Art. 125 de l'instruction du 1er octobre 1854.

Lorsque, en vertu de marchés passés à Paris, des fournisseurs sont autorisés à expédier directement aux ports

---

(1) Voir la circulaire du 31 mai 1848, *Bull. off.*, p. 271, la circulaire du 13 mars 1851, *Bull. off.*, p. 248, la circulaire n° 272 du 20 novembre 1861, *Bull. off.*, p. 482, et la circulaire n° 182 du 30 août 1859, *Bull. off.*, p. 281, relatives aux envois faits par les poudreries et par les manufactures d'armes du département de la guerre.

des objets dont la liquidation doit avoir lieu à Paris, quoique la recette en soit effectuée dans le port, il est fait écriture de cet envoi dans la comptabilité du garde-magasin à titre de : *mouvements de comptable à comptable du même service.*

Dans les dix jours qui suivent la recette, il est adressé au ministre la facture d'envoi (*modèle n° 1*) et une expédition du procès-verbal de recette (*modèle n° 6*), revêtue de la déclaration de prise en charge par le comptable (1).

Les factures d'envois *(modèle n° 1)*, qui sont adressées au ministre en vertu des prescriptions de l'article 125 de l'instruction générale du 1er octobre 1854, doivent faire connaître, indépendamment des quantités livrées par les fournisseurs et des valeurs qui s'y rapportent, la désignation des objets et les numéros d'ordre qui leur sont assignés d'après la nomenclature, les quantités qui ont été réellement admises par les commissions de recette, avec leur valeur au prix officiel et la date de la prise en charge par les comptables, conformément à l'article 34 des conditions générales du 30 mars 1847; ces rectifications doivent être certifiées par le commissaire aux approvisionnements. En outre, lorsque les objets auront été pris directement en charge dans l'inventaire des apparaux, machines, ustensiles et outils en service, il y aura lieu d'indiquer, en regard desdits objets, le numéro du groupe ou de la division de la nomenclature sommaire des apparaux, annexée à l'arrêté du 12 octobre 1859, page 160.

Circulaire n° 264 du 21 novembre 1856 (*Bulletin officiel*, p. 1007) et circulaire n° 291 du 11 décembre 1861 *(Bulletin officiel p. 549)*

---

(1) Les recettes de lard salé, pour campagne, provenant d'envois faits par le consul général de France, à New-York, doivent être classées sous le titre : *Mouvements de comptable à comptable du même service*, attendu que la liquidation de la dépense s'opère à Paris, à la suite de la prise en charge des denrées achetées dans la comptabilité d'ordre. (*Circulaire n° 110 du 31 mai 1855*, Bulletin officiel, *page 274*.)

§. 2.

MOUVEMENTS INTÉRIEURS.

––––

MOUVEMENTS RÉCIPROQUES ENTRE LE GARDE-MAGASIN GÉNÉRAL ET LES GARDES-MAGASINS PARTICULIERS DES DIRECTIONS DONT LES DÉPENSES S'IMPUTENT SUR LE MÊME CHAPITRE DU BUDGET ET MOUVEMENTS ENTRE CES GARDES-MAGASINS PARTICULIERS EUX-MÊMES.

Art. 126 de l'instruction du 1er octobre 1854.

Les versements du magasin général aux magasins particuliers des directions dont les dépenses s'imputent sur le même chapitre du budget, ne comprennent que les matières brutes et ouvrées destinées à former l'approvisionnement courant des dépôts établis auprès des ateliers.

Ils ont lieu successivement sur l'ordre donné par le commissaire aux approvisionnements, par suite des demandes (*modèle n° 31*) expédiées par les agents des gardes-magasins particuliers préposés aux dépôts des matières, d'après les indications des officiers des directions, et dans les limites fixées conformément à l'article 16 de l'instruction du 1er octobre 1854. Les billets de demandes sont visés par les directeurs ou par les officiers autorisés, et par le garde-magasin particulier.

Art. 127 de l'instruction du 1er octobre 1854.

Les magasins particuliers des directions versent au magasin général :

1° Les matières excédant les besoins courants et provenant, soit de versements antérieurement effectués par le magasin général, soit de remise, soit des travaux exécutés dans les chantiers et ateliers ;

2° Les matières et les objets condamnés par les commissions et destinés à être vendus.

Ces versements s'opèrent sur des billets de remise (*modèle n° 25 bis*), expédiés par les gardes-magasins particuliers, visés par les directeurs ou par les officiers autorisés et revêtus de l'ordre de réception donné par le commissaire aux approvisionnements.

Les versements réciproques entre les magasins particuliers des diverses directions dont les dépenses s'imputent sur le même chapitre du budget comprennent : Art. 128 de l'instruction du 1er octobre 1854.

1° Les produits de la démolition d'objets remis ;

2° Les objets destinés à faire partie de l'approvisionnement des magasins particuliers.

Ces versements s'opèrent, comme les versements réciproques entre le garde-magasin général et les gardes-magasins particuliers des directions, sur des billets de demande ou de remise visés par les directeurs ou par les officiers autorisés, et revêtus de l'ordre d'exécution donné par le commissaire aux approvisionnements.

Les mouvements réciproques qui ont lieu entre le garde-magasin général et chacun de ses préposés, et entre ces préposés eux-mêmes, sont justifiés dans la comptabilité intérieure, savoir : Art. 129 de l'instruction du 1er octobre 1854.

Pour le comptable qui délivre, par l'ordre de délivrance (*modèle n° 31*) ou par le duplicata du billet de remise (*modèle n° 25 bis*) dûment acquitté ;

Pour le comptable qui reçoit, par le billet de demande (*modèle n° 31*)revêtu de la certification de la délivrance donnée par le comptable qui a opéré cette délivrance, ou par le primata du billet de remise (*modèle n° 25 bis*) et de la déclaration de prise en charge par le comptable qui a reçu.

Les billets de demande et de remise portent évaluation des matières et des objets.

Les versements d'objets confectionnés spécialement par une direction pour le magasin d'une autre direction dont Art. 130 de l'instruction du 1er octobre 1854.

les dépenses sont imputées sur le même chapitre du budget, sont pris en charge directement par le garde-magasin particulier qui les reçoit, sous le titre : *entrées provenant de transformation* (1).

REPRISES DE SERVICE PAR SUITE DE MUTATIONS DE COMPTABLES.

Art. 131 de l'instruction du 1er octobre 1854.

Les reprises de service, par suite de mutations de comptables, ont lieu et se justifient dans les formes prescrites par les articles 225, 226 et 227 de l'instruction du 1er octobre 1854.

Justification des sorties à charge de remboursement (2).

CESSIONS FAITES A DES SERVICES ÉTRANGERS A LA MARINE.

Art. 135 de l'instruction du 1er octobre 1854.

Les demandes de cessions faites par les divers services publics sont dressées dans la forme administrative.

Elles ne peuvent être autorisées que par le ministre, ou, en cas d'urgence, par le préfet maritime qui en rend compte immédiatement au ministre.

L'ordre de cession, notifié au commissaire général et au directeur compétent, si la cession doit se faire par un magasin particulier de direction, est remis au commissaire aux approvisionnements.

---

(1) Lorsque les objets ont été confectionnés par un service dont les dépenses sont imputées sur un autre chapitre du budget, la confection constitue une cession, et le versement en magasin doit être inscrit sous le titre : *Cessions*.

(2) Voir au nota de la page 305 de l'instruction du 1er octobre 1854, la circulaire du 22 juillet 1847, nᵒ 147, portant instruction sur le mode de remboursement des cessions.

Dans le cas où les agents du service cessionnaire le demandent, les objets à céder à des services étrangers à la marine sont visités, en présence de ces agents, par un officier de la direction compétente et par un officier du commissariat. Art. 136 de l'instruction du 1er octobre 1854.

Il est dressé procès-verbal de cette opération.

Dans tous les cas, les quantités sont constatées contradictoirement, sous la surveillance du commissaire aux approvisionnements, par le comptable de la marine et par les agents du service cessionnaire.

Les cessions de poudres que la marine fait aux services étrangers s'effectuent par le service *Poudres*, et les remboursements de crédit ont lieu au profit du chapitre spécial à ce service. Art. 137 de l'instruction du 1er octobre 1854.

Lorsque le service *poudres* n'a pas d'existant qui lui soit propre, et que la livraison aux services étrangers est opérée par le service des approvisionnements généraux de la flotte (magasin particulier de la direction d'artillerie), la cession donne lieu à deux opérations, savoir :

1° Rétrocession par le service des approvisionnements généraux de la flotte au service *poudres ;*

2° Cession du service *poudres* aux services étrangers.

Dans le cas prévu par l'article 137 de l'instruction du 1er octobre 1854, le préposé comptable du magasin particulier de la direction d'artillerie qui fait la délivrance des poudres, les porte en sortie dans sa comptabilité comme cession au service *poudres*. Art. 138 de l'instruction du 1er octobre 1854.

Il les porte en recette au même titre dans la comptabilité spéciale au service *poudres*, et les porte ensuite en sortie comme cession à des services étrangers. Ces mouvements sont justifiés par un ordre du commissaire aux approvisionnements.

5

Art 139 de l'instruc-
tion du 1er octobre
1854

Les cessions faites à des services étrangers à la marine sont justifiées dans la comptabilité des gardes-magasins par l'ordre de délivrance donné par le commissaire aux approvisionnements, revêtu du récépissé de la partie prenante (*modèle n° 52*).

Cet ordre est appuyé d'une copie de la décision du ministre ou du préfet maritime qui a autorisé la cession, ou relate le numéro de celle des pièces justificatives de la même gestion à laquelle la copie de la décision a été annexée.

Art. 140 de l'instruc-
tion du 1er octobre
1854.

Le comptable dresse, en trois expéditions, un état (1) des cessions faites à chacun des services étrangers. Cet état est vérifié et certifié par le commissaire aux approvisionnements. Une expédition est remise au service cessionnaire, et les deux autres, reconnues exactes par les agents de ce service, sont remises au détail des fonds pour servir au remboursement de la créance.

CESSIONS FAITES A DES PARTICULIERS (2).

Art. 141 de l'instruc-
tion du 1er octobre
1854.

Les demandes de cessions formées par des particuliers doivent être faites sur papier timbré, conformément à l'article 12 de l'arrêté du 13 brumaire an VII.

---

(1) Voir les modèles annexés à la circulaire du 22 juillet 1847, n° 147.

(2) Les délivrances de drogues, médicaments, vases, etc., faites par le service des hôpitaux aux infirmeries des divisions des équipages de la flotte, ont lieu à titre de cession. Elles sont classées dans les écritures du comptable sous le titre : *Cessions faites à des particuliers*, et sont justifiées par l'ordre du commissaire aux hôpitaux. Cet ordre est appuyé d'une copie de la présente dépêche, ou relate le numéro de la pièce justificative de la même gestion à laquelle cette copie aura été annexée. (*Circulaire n° 18 du 28 janvier 1863*, Bulletin officiel, *page 35.*)

Sont exceptées de cette obligation les demandes successives des matières qui sont nécessaires au montage des machines construites par l'industrie, et que le ministre aurait autorisé à remettre aux entrepreneurs.

Les cessions à des particuliers sont autorisées par le ministre.

Dans les cas extraordinaires et urgents où le préfet maritime croirait pouvoir prendre sur lui d'ordonner des cessions de cette nature, il aurait à en rendre compte immédiatement au ministre.

L'ordre de cession notifié au commissaire général et au directeur compétent, si la cession doit se faire par un magasin particulier de direction, est remis au commissaire aux approvisionnements.

Art, 142 de l'instruction du 1er octobre 1854.

Ainsi qu'il est dit à l'article 596 de l'instruction du 1er octobre 1854, la valeur des matières et des objets cédés à des particuliers, établie d'après les règles déterminées par le titre VI de la même instruction, est augmenté d'un quart pour le remboursement des frais généraux de fabrication, d'entretien et de surveillance (1).

Cette augmentation du quart n'a pas lieu lorsque les cessions se font à des bâtiments de guerre des puissances étrangères, de relâche dans nos ports.

Art. 143 de l'instruction du 1er octobre 1854.

Les états appréciatifs de cession (2) sont dressés par le comptable, vérifiés par le commissaire aux approvisionne-

Art. 144 de l'instruction du 1er octobre 1854.

_____

(1) Les objets prêtés et les échantillons mis à la disposition des fournisseurs subissent l'augmentation du quart prévu au 1er § de l'article 143 de l'instruction du 1er octobre 1854, lorsqu'ils ne sont pas réintégrés. (*Circulaire n° 304 du 4 décembre 1855*, Bulletin officiel, *page 889*.)

(2) Voir la circulaire n° 215 du 17 novembre 1847 faisant connaître que les états de cessions à des particuliers ne sont passibles que d'un droit fixe

ments, et remis au détail des fonds qui expédie, au nom du cessionnaire, un ordre de versement du montant de la cession.

Ce versement est opéré dans la caisse du receveur des finances. Sur la remise du récépissé donné par le receveur, le cessionnaire est mis en possession des objets cédés. La livraison est faite par le comptable, sous la surveillance immédiate d'un officier du commissariat délégué par le commissaire aux approvisionnements.

Toutefois, à l'égard des cessions concernant les constructions de machines ou de navires destinés au service de la marine, le remboursement du montant des cessions peut n'être opéré qu'à la fin du travail, ou au 31 décembre, si le travail n'est point terminé à cette époque.

La sortie des matières et des objets cédés à des particuliers est justifiée, dans la comptabilité du comptable, par l'ordre d'exécution (*modèle n° 32*) donné par le commissaire aux approvisionnements, revêtu du récépissé de la partie prenante.

Cet ordre est appuyé d'une copie de la décision du ministre ou du préfet maritime, qui a autorisé la cession, ou relate le numéro de celle des pièces justificatives de la même gestion à laquelle la copie de la décision a été annexée.

CESSIONS FAITES A DES SERVICES DE LA MARINE.

Art. 145 de l'instruction du 1er octobre 1854.

Les cessions faites à des services de la marine, s'opèrent conformément aux dispositions des articles 61 à 65 inclus de l'instruction du 1er octobre 1854.

Elles sont justifiées dans les formes prescrites par l'article

---

de 1 franc, et voir la circulaire du 16 février 1848, *Bulletin officiel*, page 115, rectifiée par celle du 22 février 1851, *Bulletin officiel*, page 158, relative au mode spécial de remboursement des cessions à des particuliers.

139 de ladite instruction à l'égard des cessions faites à des services étrangers à la marine (1).

PERTES ET DÉFICITS MIS A LA CHARGE DES COMPTABLES ET AUTRES AGENTS.

Les pertes et les déficits mis à la charge des comptables et autres agents, sont justifiés par la décision du ministre, appuyée du récépissé constatant le versement au Trésor, du montant de l'imputation qui a été prescrite, ainsi que de l'ordre de régularisation donné par le commissaire aux approvisionnements (*modèle n° 33*).

Art. 146 de l'instruction du 1er octobre 1854.

EMPLOI AUX TRAVAUX.

Les sorties pour emploi aux travaux comprennent :

1° Les matières employées aux travaux de toute nature exécutés dans les arsenaux, soit par des ouvriers à la solde de l'Etat, soit par des entrepreneurs de façon d'ouvrages ou de travaux.

Art. 147 de l'instruction du 1er octobre 1854.

---

(1) Les cessions de chapitre à chapitre n'ont lieu que pendant les 10 premiers mois de l'année.

Lorsque par exception, on croira néanmoins devoir faire des cessions pendant les deux derniers mois de l'année, il n'y sera donné suite qu'après avoir obtenu l'autorisation du ministre. (*Circulaire n° 247 du 22 novembre 1858*, Bulletin officiel, *page 951.*) Toutefois, par mesure d'économie, le service des hôpitaux est exceptionnellement autorisé à s'approvisionner à celui des subsistances par voie de cessions, des denrées et des liquides nécessaires à ses besoins. (*Circulaire n° 39 du 8 mars 1859*, Bulletin officiel, *page 140.*)

Les cessions de vieilles matières ne doivent point avoir lieu. Il ne doit y avoir cession que sur la demande faite par un service, de matières qui, lui étant nécessaires, se trouvent en approvisionnement dans un autre service. (*Circulaire n° 200 du 31 juillet 1850*, Bulletin officiel, *page 56, et circulaire n° 279 du 27 novembre 1861*, Bulletin officiel, *page 526.*)

2° Les livraisons faites à des entrepreneurs de transformation de vieilles matières en matières pouvant servir.

Art. 148 de l'instruction du 1er octobre 1854.

Les sorties des matières employées à des travaux exécutés soit par des ouvriers à la solde de l'Etat, soit par des entrepreneurs de façons d'ouvrages ou de travaux, sont justifiées selon les formes déterminées au chapitre 1er du titre V, *de la comptabilité de l'emploi des matières aux travaux et de la main d'œuvre qui s'y rattache.* (*Instruction du 1er octobre 1854*).

Art. 149 de l'instruction du 1er octobre 1854 et circulaire no 310 du 26 décembre 1863 (*Bulletin officiel*, p. 610).

Les livraisons, à des entrepreneurs, de vieilles matières destinées à être transformées, sont constatées par un délégué du commissaire aux approvisionnements : elles sont justifiées par l'ordre de délivrance donné par ce commissaire, le dit ordre revêtu du récépissé de l'entrepreneur ou de son représentant, et appuyé d'une copie du marché relatif à l'entreprise, ou relatant le numéro de celle des pièces justificatives de la même gestion à laquelle la copie de ce marché a été annexée (1).

Art. 535 de l'arrêté ministériel du 2 décembre 1857.

Les matières et les objets nécessaires à l'exécution des travaux ordonnés sont mis, au fur et à mesure des besoins, à la disposition des maîtres par les agents des gardes-magasins particuliers. Les quantités délivrées sont constatées au moyen d'un carnet (*modèle n° 111 bis*), signé par les maîtres ou par les contre-maîtres spécialement autorisés, sur lequel sont également portées les quantités reversées à la section ou au dépôt dans le courant de la journée.

A la fin de la journée, la délivrance des quantités restant

---

(1) Lorsqu'une même entreprise donnera lieu à plusieurs livraisons de matières à l'entrepreneur pendant la même année, il suffira d'annexer le marché au premier ordre de délivrance, en ayant soin de relater, sur les ordres subséquents, le numéro et la date de la pièce justificative à laquelle se trouve rattaché le marché. (*Circulaire n° 361 du 30 novembre 1853, Bulletin officiel, page 859.*)

à la charge des ateliers, d'après le carnet (*modèle n° 111 bis*) est régularisée par des *bons* signés par les maîtres ou par des contre-maîtres spécialement délégués à cet effet.

Les maîtres ne doivent prendre de matières que celles qui sont immédiatement applicables à un travail entrepris ou à entreprendre.

Ils doivent réintégrer sans délai, dans la section ou dans le dépôt qui.les a délivrés, les matières et les objets qui ne trouveraient pas leur emploi dans un travail en cours d'exécution. Le reversement a lieu au moyen d'un billet de remise signé par le maître ou par le contre-maître délégué ; les quantités reversées sont déduites de celles qui ont été délivrées pendant le mois.

Par suite des dispositions qui précèdent, les maîtres ne doivent avoir de matières en dépôt que celles qui sont mentionnées dans les articles 536 de l'arrêté ministériel du 2 décembre 1857 et 537 de l'arrêté ministériel du 12 octobre 1859.

Les matières d'un emploi commun à tous les travaux exécutés dans un chantier ou dans un atelier, et sans application appréciable à chaque travail spécial, lorsque ces travaux sont nombreux et de nature différente (1), sont livrées aux maîtres ainsi qu'il est dit en l'article 535 de l'arrêté ministériel du 2 décembre 1857.

Art. 537 de l'arrêté ministériel du 12 octobre 1859.

Ces matières sont inscrites au compte spécial dont la tenue est prescrite par l'article 546 de l'arrêté ministériel du 12 octobre 1859. A l'époque de la clôture des opérations du trimestre (2), les quantités restant entre les mains des maîtres,

(1) L'émeri, l'huile, le suif, etc., peuvent se trouver dans cette catégorie.

(2) Aux termes de la circulaire du 30 décembre 1856, insérée au *Bulletin officiel de la marine*, les écritures relatives à la comptabilité des matières, dans tous les services, et à la solde des ouvriers, seront arrêtées au dernier jour de chaque mois.

sont reversées en écritures à la section ou au dépôt qui les a délivrées. Le maître donne un nouveau *bon* pour la quantité existant entre ses mains.

A la fin de chaque trimestre ces matières sont réparties entre les divers ouvrages à l'exécution desquels elles ont été employées. La répartition peut être faite en quantité ou en valeur pour toutes ou plusieurs de ces espèces de matières. Les bases de la répartition sont arrêtées par l'officier chargé de la surveillance de l'atelier, et constatées sur le compte spécial mentionné dans le paragraphe précédent.

Art. 538 de l'arrêté ministériel du 2 décembre 1857.

Les *bons* de délivrance indiquent le numéro de la feuille d'ouvrage concernant le travail auquel doivent être appliquées les matières demandées, la désignation, l'espèce, les dimensions, s'il y a lieu, et la quantité de ces matières. Ils sont datés et signés par les maîtres ou par les contre-maîtres autorisés ; ils sont détachés d'un registre à souche (*modèle n° 111*) coté et paraphé par l'officier chargé de l'atelier.

Il peut être tenu dans l'atelier autant de registres à souche qu'il y a de maîtres ou de contre-maîtres autorisés à acquitter les *bons* de délivrance.

Pour faciliter la confection et la vérification des feuilles d'ouvrage, chaque registre est divisé en deux séries, l'une pour les jours pairs, l'autre pour les jours impairs. Chaque série de registre porte un numéro particulier, qui est toujours rappelé sur la souche et sur les *bons*.

Art. 539 de l'instruction du 1er octobre 1854.

Les registres à souche sont vérifiés une fois au moins par semaine. Les officiers chargés de cette vérification s'assurent de la concordance des quantités inscrites sur les souches des registres, avec les feuilles d'ouvrage dont il est question en l'article 540 de l'arrêté ministériel du 12 octobre 1859, ainsi qu'avec les *bons* acquittés par les maîtres, et dont il leur est donné, à cet effet, communication ; ils vérifient s'il n'existe entre les mains des maîtres aucune matière sans emploi actuel, et ils prescrivent le reversement au dépôt des matières surabondantes.

Les officiers consignent les résultats de leur vérification sur le registre à souche.

Les directeurs ont la faculté de faire remplacer les officiers chargés des ateliers, par l'agent administratif de la direction, dans la vérification des quantités portées sur les feuilles d'ouvrages, au moyen du registre à souche et des *bons* de matières.

A la fin de chaque trimestre, les maîtres des chantiers et ateliers, dressent des bordereaux (*modèle n° 15 bis*) indiquant les quantités et les valeurs des matières et des objets reçus du magasin particulier, et employés aux travaux exécutés dans le *courant* du trimestre précédent.

Art. 547 de l'arrêté ministériel du 12 octobre 1859.

Ces bordereaux sont vérifiés par les officiers placés près des ateliers, qui les certifient, après s'être assurés de la concordance des quantités et des valeurs qui y sont énoncées, avec les feuilles d'ouvrage de l'atelier. Les directeurs ont la faculté de faire suppléer les officiers par l'agent administratif dans cette vérification.

Les bordereaux mentionnés en l'article 547 de l'arrêté ministériel du 12 octobre 1859, sont récapitulés par l'agent administratif, sur un état appréciatif (*modèle n° 115 A modifié*), arrêté et certifié par le directeur, vérifié et visé par le commissaire aux travaux. Cet état, appuyé des bordereaux, est ensuite remis au garde-magasin particulier, qui, après en avoir vérifié la concordance avec les bons de délivrance, en passe écriture sur son journal et sur son grand livre, et le joint à son compte.

Art. 547 bis de l'arrêté ministériel du 12 octobre 1859.

Le garde-magasin particulier conserve les *bons* dans ses bureaux, et renvoie les bordereaux à l'agent administratif.

La remise de l'état appréciatif doit être faite par les directeurs, au commissaire aux travaux, dans les vingt jours qui suivent la clôture des écritures des ateliers, et, au comptable, au plus tard cinq jours après la communication au commissaire aux travaux (1).

Justification des délivrances à des services dont la comptabilité est suivie sur inventaire particulier.

DÉLIVRANCES FAITES AUX BATIMENTS.

DISPOSITIONS GÉNÉRALES.

§. 3 de l'art. 12 et art. 150 de l'instruction du 1er octobre 1854

Les délivrances pour le service des bâtiments et pour tous les services consommateurs sont opérées exclusivement par les magasins particuliers des directions ; la dépense, par application, des objets d'attache est faite directement par les ateliers.

Art. 151 de l'instruction du 1er octobre 1854.

Les délivrances à faire aux bâtiments, sont déterminées par le règlement d'armement. Le nombre de mois d'approvisionnement est fixé par le ministre ou par le préfet maritime, conformément aux ordres du ministre, selon la nature et la durée présumée de la campagne.

---

(1) La remise au garde-magasin général des pièces justificatives et des relevés des gardes-magasins particuliers, doit être effectuée dans la première quinzaine du deuxième mois qui suit le trimestre écoulé, et la transmission à Paris des divers relevés doit avoir lieu, pour les trois premiers trimestres, avant la fin du troisième mois qui suit le trimestre expiré. (2e § du nota inséré à la page 109 de l'arrêté ministériel du 12 octobre 1859.) Les comptes de gestion doivent être adressés au ministre, dans le courant du quatrième mois de chaque année, pour l'année précédente. Ces comptes sont appuyés de l'inventaire. (Article 67 du décret du 30 novembre 1857.)

Les fixations réglementaires des espèces et des quantités des matières et des objets, ne peuvent être dépassées ni réduites sans autorisation du ministre. Toutefois, dans les cas d'urgence, le préfet maritime peut accorder des délivrances en excédant aux allocations réglementaires, ou des réductions à ces allocations, sous l'obligation d'en rendre compte au ministre. Les demandes de cette nature, adressées au préfet maritime, doivent être motivées et visées par le commandant en chef, lorsque le bâtiment fait partie d'une escadre ou d'une division ; le commandant en chef, sous la même réserve, autorise des réductions aux allocations réglementaires à l'égard des bâtiments faisant partie de l'escadre ou de la division.

DÉLIVRANCES A L'ARMEMENT.

Lorsqu'il y a lieu de procéder à l'armement d'un bâtiment désarmé, chaque direction de l'arsenal dresse les feuilles des maîtres chargés, du magasinier et des autres comptables du bâtiment.

Art. 153 de l'arrêté ministériel du 12 octobre 1859, et art. 80 du règlement du 25 août 1861.

Ces feuilles sont rédigées en deux expéditions (1) : l'une, (feuilles de maîtres, *modèles nᵒˢ 36 et 36 bis*), destinée à rester entre les mains du maître chargé ou autre comptable ; l'autre, (feuilles de magasin, *modèle nᵒ 37 modifié*), destinée à servir de titre de délivrance au magasin particulier de la direction.

Les objets d'attache qui doivent être fournis et mis en place par les ateliers, sont portés sur des feuilles spéciales (*modèles nᵒˢ 36 ter et 37 bis modifiés*).

Les machines à vapeur qui, existant en magasin, doivent être mises en place par les ateliers, sont délivrées aux maîtres

---

(1) NOTA : Les feuilles doivent être préparées à l'avance, de telle sorte qu'elles puissent être terminées aussitôt que l'ordre d'armement aura été notifié, et que le nombre de mois d'approvisionnement aura été fixé.

de ces ateliers, sur l'ordre du directeur et portées directement dans les écritures du garde-magasin particulier, au compte du bâtiment auquel elles sont destinées.

Les ateliers n'appliquent dans les feuilles d'ouvrage que les dépenses nécessitées par la mise en place de ces machines.

Art. 154 de l'instruction du 1er octobre 1854. Les feuilles des maîtres ou autres comptables (*modèle n° 36*) sont divisées en autant de parties qu'il y a de sections ou de dépôts dans lesquels les délivrances doivent être effectuées.

Elles sont certifiées par le directeur.

Les feuilles de magasin (*modèle n° 37*) comprennent la totalité des articles à délivrer aux divers maîtres du bord dans la même localité. Elles sont revêtues de l'ordre de délivrance donné par le directeur.

Les feuilles de maîtres et les feuilles de magasin sont visées par le commissaire aux travaux, qui en opère la vérification.

Elles relatent la date de l'ordre en vertu duquel l'armement est préparé, le nombre de mois fixé pour la durée de la campagne, et la date de la décision y relative.

Elles font connaître, s'il y a lieu, les décisions du ministre, du préfet maritime ou du commandant en chef, qui ont autorisé, soit les suppléments à l'armement, soit les *laissez-à-terre* ou les remises définitives.

Les objets portés pour mémoire sur le règlement d'armement, ne sont délivrés que sur la demande expresse du capitaine du bâtiment, visée par le directeur compétent et par le commissaire aux travaux : les objets sont inscrits sur la feuille du maître, par l'agent administratif de la direction, et sur celle du magasin par l'agent qui opère la délivrance. Cet agent rapporte au soutien de sa feuille, le billet de demande du capitaine, visé par le directeur compétent et par le commissaire aux travaux.

Les délivrances sont faites à chaque maître ou comptable, Art. 156 de l'instruction du 1er octobre 1854. ou à son délégué, sur la présentation de sa feuille ; elles sont immédiatement inscrites tant sur les feuilles des maîtres, que sur les feuilles de magasin. Les quantités y sont portées en toutes lettres.

Les délivrances sont constatées :

Sur la feuille du maître, par la certification du comptable du magasin ou de son agent.

Sur la feuille du magasin, par l'acquit de la partie prenante.

La date de chaque délivrance est annotée sur les deux feuilles.

Il est formellement interdit de faire acquitter à l'avance les feuilles de magasin.

Les délivrances faites successivement pendant la durée de Art. 157 et 234 de l'instruction du 1er octobre 1854. l'armement sont inscrites jour par jour sur les livres auxiliaires (1). A la fin du mois, elles sont portées en sortie dans les livres du comptable, et régularisées, ainsi qu'il est dit à l'article 187 de l'arrêté ministériel du 12 octobre 1859 pour les délivrances après l'armement.

Dans le cas où la totalité d'une espèce de matière ou d'objet ne peut être délivrée en une seule fois, les délivrances partielles et successives sont immédiatement inscrites sur des carnets cotés et paraphés par le commissaire aux approvisionnements. Chaque délivrance partielle est émargée d'un reçu provisoire du maître ou comptable. Le reçu définitif est donné sur la feuille, lorsque la délivrance est complète. Après épuisement, les carnets sont déposés au bureau du commissaire aux approvisionnements.

Pendant la durée de l'armement, les feuilles de magasin Art. 158 de l'instruction du 1er octobre 1854. sont communiquées, en dehors des heures de délivrance, le

---

(1) Journal, balance et sous-balance des sections et des dépôts.

plus souvent possible, et au plus tard à la fin de chaque mois, au commissaire aux travaux, qui inscrit les quantités délivrées au compte ouvert à chaque bâtiment, mentionné dans les articles 416 et 417 de l'instruction du 1ᵉʳ octobre 1854.

Art. 159 de l'instruction du 1ᵉʳ octobre 1854. Si, dans le cas prévu par l'article 151 de l'instruction du 1ᵉʳ octobre 1854, l'ordre est donné de délivrer à un bâtiment, soit des objets non compris dans le règlement, soit des quantités excédant les fixations réglementaires, le chef de service compétent fait inscrire cet ordre sur la feuille du maître.

Il en est immédiatement donné connaissance au commissaire aux travaux.

L'ordre de délivrance, visé par le directeur et par le commissaire aux travaux, est inscrit sur la feuille de magasin par l'agent qui opère la délivrance. Cet agent rapporte l'ordre qui lui a été remis au soutien de sa feuille.

Art. 160 de l'instruction du 1ᵉʳ octobre 1854. Si l'autorisation est donnée de ne pas prendre des objets qui sont jugés devoir être inutiles à bord, bien qu'ils soient alloués par le règlement, il est fait mention de cette autorisation sur la feuille du maître, par les soins du chef de service compétent ou par le commandant en chef, selon que la décision a été prise par le préfet maritime ou par le commandant en chef.

Art. 162 de l'arrêté ministériel du 12 octobre 1859. Les feuilles des maîtres sont arrêtées au nombre d'articles délivrés ou mis en place par le garde-magasin ou par l'agent administratif de la direction, après la clôture de l'armement.

Les feuilles de magasin et d'atelier sont arrêtées par les mêmes agents au nombre et à la valeur des articles délivrés ou mis en place.

Après l'arrêté des feuilles, la valeur des objets délivrés est portée à la connaissance des directeurs.

Lors de la clôture de l'armement définitif, les feuilles de maîtres, de magasin et d'atelier sont certifiées par le directeur et vérifiées par le commissaire aux travaux, qui reste dépositaire des feuilles de magasin et d'atelier, ou les transmet à son collègue, lorsque les feuilles ont servi à compléter l'armement définitif d'un bâtiment qui compte dans un autre port.

Les feuilles des maîtres de bord leur sont immédiatement restituées.

Lorsqu'à défaut d'approvisionnement, ou par une cause quelconque de service, la quantité réglementaire inscrite à l'un des articles d'une feuille, n'a pas pu être délivrée avant la clôture de l'armement, il en est fait mention sur la feuille, sous la certification portée en l'article 162 de l'arrêté ministériel du 12 octobre 1859. Art. 163 de l'instruction du 1er octobre 1854

DÉLIVRANCES AUX BATIMENTS ARMÉS.

Les délivrances aux bâtiments armés ont lieu sur la demande faite par le capitaine, et relatant l'autorisation générale donnée par le préfet. Art. 166 de l'instruction du 1er octobre 1854.

Les demandes ont pour objet : Art. 167 de l'instruction du 1er octobre 1854.
1° Le remplacement de matières consommées ;
2° Le remplacement d'objets qui ont été remis en magasin, versés à d'autres bâtiments ou aux dépôts établis à l'extérieur, cédés ou perdus ;
3° Un complément ou un supplément à l'armement.

Les demandes en remplacement de matières consommées comprennent les quantités nécessaires pour compléter les fixations réglementaires, en prenant pour base l'existant à bord. Art. 168 de l'instruction du 1er octobre 1854.

Elles peuvent être établies sur feuilles ou sur billets (*modèles nos 38 et 38 bis*).

Art. 169 de l'instruction du 1er octobre 1854.

Les feuilles de remplacement sont dressées en double expédition, par maître et par magasin particulier de direction.

Chaque feuille comprend la totalité des articles à délivrer à un maître par un magasin particulier de direction.

Une expédition (*modèle n° 58*), destinée à rester à l'appui de la comptabilité du bord, présente les indications suivantes :

1° Quantités réglementaires ;

2° Quantités existant à bord au 1er ou au 15 du mois dans lequel la demande est faite ;

3° Quantités nécessaires pour compléter les allocations réglementaires ;

L'autre expédition (*modèle n° 58 bis*), destinée à servir de titre au garde-magasin particulier, n'indique que les quantités à délivrer.

La feuille de demande est certifiée par l'officier d'administration, et visée par l'officier en second et par le capitaine.

Le directeur ordonne la délivrance sur l'expédition destinée à servir de titre au garde-magasin particulier, et vise celle qui doit rester à l'appui de la comptabilité du bâtiment. Dans le cas où le bâtiment est en rade, il mentionne sur les deux expéditions de la feuille, que les matières et les objets dont il autorise la délivrance, devront sortir de l'arsenal.

Art. 170 de l'instruction du 1er octobre 1854.

Les maîtres ou leurs délégués, porteurs des feuilles de remplacement dûment ordonnancées, les présentent au garde-magasin particulier, qui délivre des coupons (*modèle n° 59*), divisés par sections et dépôts ; si les matières portées sur les coupons sont destinées à sortir de l'arsenal, il en est fait mention sur chacun de ces coupons.

Les maîtres ou leurs délégués donnent récépissé des dits coupons sur l'expédition des feuilles revêtues des ordres de délivrance, lesquelles sont laissées entre les mains du garde-magasin particulier.

Le garde-magasin certifie la remise des coupons sur l'expédition de la feuille que doit restituer le maître à l'officier d'administration du bâtiment, pour rester à l'appui de la comptabilité du bord.

Les magasiniers et les préposés de dépôt opèrent les déli- Art. 171 de l'instruction du 1er octobre 1854. vrances aux maîtres ou à leurs délégués, en échange des coupons dûment acquittés. Ils remettent, en même temps, un bulletin de délivrance à talon, détaché d'un registre à souche (*modèle n° 40*), coté et paraphé par le commissaire aux approvisionnements.

Si les coupons indiquent que les objets doivent sortir de l'arsenal, les bulletins de délivrance conservent le talon ; dans le cas contraire, ce talon demeure adhérent à la souche.

Dans le cas où, par une cause quelconque, la délivrance Art. 172 de l'instruction du 1er octobre 1854. d'une matière portée sur un coupon, ne peut avoir lieu, le magasinier en énonce le motif au dos de cette pièce, et la renvoie au garde-magasin particulier après avoir opéré la délivrance des autres objets portés sur le même coupon, s'il y a lieu.

Le garde-magasin particulier indique sur l'expédition de la feuille de remplacement, restée entre ses mains, les motifs qui n'ont pas permis d'opérer la délivrance : il en fait donner avis au capitaine du bâtiment, et il en rend compte, sans délai, au directeur et au commissaire aux approvisionnements.

Tous les soirs, les magasiniers et les préposés de dépôt re- Art. 173 de l'instruction du 1er octobre 1854. mettent au garde-magasin particulier les coupons qui ont été acquittés pendant la journée. Le garde-magasin particulier inscrit sur la feuille portant ordre de délivrance, les quantités réellement délivrées d'après les coupons renvoyés par les magasiniers et par les préposés de dépôt, et il annote les articles non délivrés ainsi qu'il est dit à l'article 172 de l'instruction du 1er octobre 1854. Il mentionne cet enregistrement

6

sur les coupons acquittés qui doivent demeurer annexés à la feuille.

Art. 174 de l'instruction du 1er octobre 1854.

Aussitôt qu'une feuille est complétement régularisée, et au plus tard dans les trois jours de la date de la régularisation, le garde-magasin particulier communique les feuilles et les coupons au commissaire aux travaux.

Le commissaire aux travaux inscrit sur l'inventaire du bâtiment suivi dans ses bureaux, les matières et les objets délivrés; dans les vingt-quatre heures, il renvoie au garde-magasin les coupons et la feuille, revêtus de la certification de l'inscription.

Art. 175 de l'instruction du 1er octobre 1854.

A leur arrivée à bord, les maîtres remettent les bulletins de délivrance à l'officier d'administration, qui les rattache à la feuille de remplacement déposée entre ses mains. Si des coupons non acquittés par les magasiniers ont été conservés par les maîtres, l'officier d'administration les renvoie immédiatement au garde-magasin particulier, qui fait opérer la délivrance ou se conforme aux prescriptions de l'article 172 de l'instruction du 1er octobre 1854.

Art. 178 de l'instruction du 1er octobre 1854.

Les billets en remplacement de consommation (*modèles* n^{os} *38 et 38 bis*) sont dressés en double expédition, par maîtres et par sections ou dépôts du magasin particulier dans lequel la délivrance doit être opérée.

Ils présentent les mêmes indications et sont soumis aux mêmes formalités que les feuilles de remplacement.

Art. 179 de l'instruction du 1er octobre 1854.

Les billets de remplacement ordonnancés par le directeur, sont soumis au visa du garde-magasin particulier qui doit faire opérer les délivrances.

Les magasiniers ou préposés de dépôt délivrent aux maîtres ou à leurs délégués, les matières ou les objets en échange de l'ordre de délivrance dûment acquitté. Ils certifient la délivrance sur l'expédition du billet de demande qui doit être restitué à l'officier d'administration.

Dans le cas où, le bâtiment étant en rade, le directeur a autorisé la sortie du port des matières dont il a ordonné la délivrance, les magasiniers ou préposés de dépôt remettent un bulletin de délivrance détaché d'un registre à souche, (*modèle n° 40*) ainsi qu'il est dit à l'article 171 de l'instruction du 1er octobre 1854.

Les dispositions des articles 172 à 177 de l'instruction précitée sont applicables aux billets de demande en remplacement de consommation.

Art. 180 de l'instruction du 1er octobre 1854.

Les demandes en remplacement d'objets remis sont établies par section de magasin ou par dépôt (*modèles n°s 41 et 41 bis*). Elles ne peuvent être ordonnancées par les directeurs, que sur la présentation du duplicata du billet de remise dûment acquitté.

Art. 181 de l'instruction du 1er octobre 1854.

Les demandes en remplacement d'objets versés à d'autres bâtiments ou à des dépôts établis hors du territoire continental, ou cédés en mer, ou perdus, sont établies par magasin particulier, ou par section ou dépôt (*modèles n°s 41 et 41 bis*). Elles doivent faire mention, sous les certifications prescrites par l'article 169 de l'instruction du 1er octobre 1854, des causes du manquant à bord, et, lorsqu'il y a lieu, de la partie prenante qui a délivré récépissé. Les dispositions de l'article 170 de l'instruction du 1er octobre 1854 sont applicables aux demandes en remplacement établies par magasin particulier.

Art. 182 de l'instruction du 1er octobre 1854.

Dans le cas où, lors des délivrances à faire en vertu des articles 181 et 182 de l'instruction précitée, le bâtiment est en rade, le directeur qui ordonne la délivrance,

Art. 183 de l'instruction du 1er octobre 1854.

mentionne sur l'ordre (*modèles n°s 41 et 41 bis*) que les matières et les objets à délivrer devront sortir de l'arsenal. L'agent du magasin, qui opère la délivrance, remet en même temps, pour servir de billet de sortie, un bulletin à talon, détaché du registre à souche (*modèle n° 40*) mentionné en l'article 171 de l'instruction du 1er octobre 1854.

Art. 184 de l'instruc-
tion du 1er octobre
1854.

Les délivrances faites après la clôture de l'inventaire, ou en cours de campagne, en supplément à l'armement réglementaire déterminé par des décisions spéciales, sont soumises aux prescriptions des articles 151 de l'instruction du 1er octobre 1854 et 152 de la même instruction, modifié par la dépêche du 5 avril 1860 et par la circulaire du 29 septembre 1862. (*Bulletin officiel*, n° 262, page 298.)

Les demandes adressées au préfet maritime, doivent faire connaître les circonstances spéciales qui motivent les dérogations à l'armement réglementaire, ou une modification à l'armement primitif.

Art. 185 de l'instruc-
tion du 1er octobre
1854.

Les délivrances faites après la clôture de l'inventaire ou en cours de campagne, pour compléter les quantités réglementaires allouées, soit par le règlement d'armement, soit par des décisions spéciales dans les cas prévus par l'article 151 de l'instruction du 1er octobre 1854, ont lieu suivant les prescriptions déterminées par les articles 168 et suivants de la même instruction. La demande indique le folio du règlement où sont portés les objets demandés.

Art. 186 de l'instruc-
tion du 1er octobre
1854.

Tous les jours, les gardes-magasins particuliers adressent en communication au commissaire aux travaux, les ordres de délivrances en remplacement d'objets remis, versés, cédés ou perdus, en supplément ou en complément, auxquels il a été fait droit la veille. Ces ordres sont accompagnés d'un bordereau numérique (*modèle n° 42 modifié*).

Le commissaire aux travaux fait inscription au compte ouvert à chaque bâtiment, des quantités et des espèces des objets délivrés. Dans les vingt-quatre heures de leur réception, il renvoie au garde-magasin particulier les ordres de délivrance qui lui ont été communiqués.

A la fin de chaque mois, chaque dépositaire dresse un état, portant évaluation *(modèle n° 43 modifié)*, des délivrances effectuées aux bâtiments pendant le mois écoulé.

Art. 187 de l'arrêté ministériel du 12 octobre 1859.

Les états dressés par les dépositaires sont remis au directeur par le garde-magasin particulier avec tous les ordres de délivrance.

Le directeur signe les états, après en avoir reconnu l'exactitude, et les transmet ensuite, avec les ordres de délivrance, au commissaire aux travaux, qui les vérifie au moyen des comptes ouverts tenus dans ses bureaux, et les revêt de sa certification, constatant que les objets qui y sont mentionnés ont été portés à la charge des bâtiments sur leur inventaire respectif.

Les états de délivrance ainsi régularisés servent de pièces justificatives à l'appui des relevés trimestriels des entrées et des sorties.

Les ordres de délivrance sont conservés par le commissaire aux travaux.

ENVOIS FAITS A DES BATIMENTS EN COURS DE CAMPAGNE OU AUX STATIONS NAVALES.

Les envois à faire à des bâtiments en cours de campagne ou aux stations navales, sont ordonnés par le ministre ou par le préfet maritime, conformément aux ordres du ministre, et par suite de la demande des commandants en chef ou des capitaines.

Art. 189 de l'arrêté ministériel du 12 octobre 1859.

Les envois sont effectués par les magasins particuliers.

Les formalités à suivre à cet égard sont les mêmes que celles qui sont déterminées pour les envois aux autres ports (*Articles 219 à 222 inclus de l'Instruction du 1er octobre 1854*). Toutefois, la valeur des matières et des objets n'est point portée sur l'avis d'expédition à adresser au commandant en chef ou au capitaine.

Il est tenu, par chaque garde-magasin particulier, un enregistrement spécial (*modèle n° 44*) des factures concernant les envois aux bâtiments et aux stations navales. Au commencement de chaque trimestre, le comptable dresse un état (*modèle 45 modifié*) des envois qui ont eu lieu pendant le trimestre précédent. Cet état, vérifié par le commissaire aux approvisionnements, est transmis au ministre dans les dix premiers jours qui suivent le trimestre écoulé (1).

Art. 190 de l'arrêté ministériel du 12 octobre 1859. Les envois sont justifiés par l'ordre d'expédition (*modèle n° 46*), revêtu du récépissé du capitaine du bâtiment qui doit effectuer le transport. L'évaluation des objets expédiés est portée sur l'état à transmettre au ministre.

Les objets expédiés sont portés dans les écritures du comptable, au compte : *Magasin des Stations navales*, sous le titre : *Délivrances aux bâtiments*.

---

(1) Chaque garde-magasin tient aussi un enregistrement spécial des réintégrations en magasin des objets expédiés aux bâtiments en cours de campagne ou aux stations navales et qui, n'ayant pas été remis à destination, font retour en France. Il dresse, au commencement de chaque année, un état des réintégrations qui ont eu lieu pendant l'année précédente. Cet état, vérifié par le commissaire aux approvisionnements, est remis au directeur qui en fait porter le montant sur le compte des remises auquel il demeure annexé.

Les objets réintégrés sont portés, dans les écritures du comptable et dans la comptabilité administrative des directions, au compte : magasin des stations navales, sous le titre : Remises faites par les bâtiments. (*Circulaire n° 52 du 8 mars 1856*, Bulletin officiel, *page 169*.)

Toutefois, lorsque l'envoi s'effectue par l'intermédiaire d'un port secondaire, il est classé sous le titre : *Mouvements de comptable à comptable du même service* (1).

Lorsque l'envoi se fait par les bâtiments de l'état, le capitaine et l'officier en second du bâtiment chargeur sont responsables des objets jusqu'à la remise à destination.

DÉLIVRANCES AUX BATIMENTS EN RÉSERVE.

Les délivrances et leur régularisation aux bâtiments en réserve, pour la décharge du comptable qui délivre, ont lieu dans les formes prescrites pour les délivrances faites aux bâtiments armés.

Art. 102 de l'arrêté ministériel du 12 octobre 1859 et art. 108, 116 et 155 du règlement du 25 août 1861.

DÉLIVRANCES AUX BATIMENTS DÉSARMÉS.

Les demandes d'objets de matériel nécessaires à l'amarrage, à la conservation et à l'entretien des bâtiments désarmés, sont établies, pour chacun de ces bâtiments, par le chef de section des escouades de gardiens, chargé de la comptabilité des bâtiments désarmés. Les billets de demande sont signés par l'officier commandant la compagnie des gardiens et visés par le directeur des mouvements du port.

Art. 192 de l'arrêté ministériel du 12 octobre 1859.

Les objets faisant partie du matériel d'armement qu'il est utile de placer à bord avant l'armement, sont délivrés sur l'ordre donné par le directeur compétent.

Art. 193 de l'instruction du 1er octobre 1854.

Après la mise en place, l'ordre de délivrance est communiqué au directeur des mouvements du port qui, après

---

(1) Voir le nota de la page 105 du présent manuel.

vérification, certifie que les objets y mentionnés existent à bord ; il porte ces objets sur l'inventaire. L'ordre de délivrance est ensuite remis au détail des travaux, pour être inscrit sur le compte ouvert tenu dans ce détail.

La délivrance des objets à mettre en place à bord des bâtiments en construction, s'opèrent sur l'ordre donné par le directeur compétent. Les objets délivrés sont inscrits sur l'inventaire tenu à la direction des constructions navales, et sur celui qui est suivi au détail des travaux.

La régularisation des délivrances, dans les écritures du comptable, et leur justification, ont lieu conformément aux dispositions des articles 186 de l'instruction du 1er octobre 1854, 187 de l'arrêté ministériel du 12 octobre 1859 et 188 de l'arrêté ministériel du 2 décembre 1857.

Art. 194 de l'instruction du 1er octobre 1854.

Les matières nécessaires aux expériences à faire à bord des bâtiments à vapeur désarmés sont délivrées sur l'ordre du directeur compétent : la délivrance est justifiée conformément aux dispositions des articles 186, 187 et 188 précités.

DÉLIVRANCES AUX BATIMENTS DE SERVITUDE (1) ET AU MATÉRIEL FLOTTANT.

Art. 195 de l'arrêté ministériel du 12 octobre 1859.

Les délivrances aux bâtiments de servitude et au matériel flottant, ont lieu sur feuilles ou billets établis dans les formes prescrites par les articles 167 et suivants de l'instruction du 1er octobre 1854.

Lorsque les bâtiments de servitude armés ont une administration spéciale, les feuilles ou billets de demande (mo-

---

(1) C'est sous ce titre que doivent être portées les délivrances des gargousses et étoupilles fulminantes pour coups de canon de diane et de retraite. (*Circulaire du 4 avril 1853. Direction du matériel, bureau de l'artillerie.*)

dèles n°⁵ *38, 38 bis, 41 et 41 bis*) sont signés par l'officier d'administration, par l'officier en second et par le capitaine ; dans le cas contraire, ces feuilles ou billets sont signés par le capitaine comptable ou patron et visés par le chef de service.

Les délivrances sont justifiées, dans la comptabilité du garde-magasin particulier, dans la même forme que les délivrances faites aux bâtiments.

La valeur des objets délivrés est portée sur un état spécial (*modèle n° 43*).

DÉLIVRANCES FAITES AU SERVICE DES APPARAUX, MACHINES,
USTENSILES ET OUTILS.
DÉLIVRANCES FAITES AUX DIVERS SERVICES (1).

Les délivrances faites au service des apparaux, machines, ustensiles et outils et aux divers services, savoir :

Aux hôtels, bureaux et autres établissements ;

Aux équipages de la flotte et aux corps de troupe de la marine ;

Aux forts et batteries dépendants de la marine ;

Aux postes électro-sémaphoriques ;

Au service des sciences et arts maritimes ;

Au dépôt des échantillons et types ;

Ont lieu par suite de la demande (*modèle n° 31*) signée par le chef de service sur l'ordre donné par le directeur.

Ces délivrances ne peuvent être effectuées qu'autant qu'elles sont déterminées par un règlement ou qu'elles ont été préalablement autorisées par le préfet maritime. Sont

Art. 196 de l'instruction du 1er octobre 1854 et circulaire n° 246 du 3 octobre 1863 (*Bulletin officiel*, p. 300).

---

(1) Les ports ont à établir, aussi bien pour les délivrances que pour les remises, des états séparés (*modèle 24 bis ou 24 ter et 43*), pour la division des équipages de la flotte, les corps de troupe de la marine, les bagnes et les maisons d'arrêt. (*Circulaire manuscrite du 28 octobre 1863.*)

exceptées les délivrances ordinaires d'apparaux, machines, ustensiles et outils, et pour le dépôt des échantillons (1).

Les ordres de délivrances, divisés par service, atelier ou localité ayant un dépositaire particulier, et revêtus des formalités ci-dessus indiquées, ainsi que du récépissé de la partie prenante, servent de pièces justificatives de dépense.

Les délivrances de combustible et de luminaire aux corps de garde, font l'objet de dispositions spéciales.

DÉLIVRANCES DE MATIÈRES ET D'OBJETS DESTINÉS AUX EXPÉRIENCES ORDONNÉES.

Art. 197 de l'instruction du 1er octobre 1854.

Les matières nécessaires aux expériences ordonnées sont mises à la disposition des chefs de service, ou des commissions chargées d'exécuter ces expériences, sur l'autori-

---

(1) Les dispositions de l'article 196 de l'instruction générale du 1er octobre 1854, en ce qui concerne les délivrances faites par les magasins au service des apparaux, machines, ustensiles et outils, sont interprétées d'une manière différente par les divers ports. Plusieurs de ces délivrances, considérées comme extraordinaires dans certaines localités, et soumises, par suite, à l'approbation du préfet maritime, sont ailleurs rangées dans la catégorie des délivrances ordinaires, et justifiées par le seul ordre du directeur, revêtu du récépissé de la partie prenante.

Ce défaut d'uniformité a soulevé, de la part de la cour des comptes, des observations dont il importe de prévenir le retour.

A cet effet, il conviendra désormais de comprendre dans les délivrances ordinaires toutes celles qui seront effectuées en remplacement d'objets consommés, remis, perdus, etc. Les délivrances extraordinaires se composeront des objets demandés en augmentation d'inventaire, et devront être préalablement autorisées par le préfet maritime, conformément aux prescriptions de l'article 196 précité de l'instruction du 1er octobre 1854.

Afin de permettre d'apprécier la régularité des justifications, les pièces constatant, dans la comptabilité des mouvements, les sorties dont il s'agit, devront toujours indiquer la nature des délivrances (en remplacement d'objets consommés, remis, etc., ou en augmentation d'inventaire). (*Circulaire n° 269 du 23 novembre 1864*, Bulletin officiel, *page 327*).

sation donnée par le préfet maritime. Les demandes (*modèle n° 51*) relatant l'autorisation du préfet maritime, et revêtues de l'ordre de délivrance du directeur, ainsi que du récépissé de la partie prenante, justifient la sortie.

A la fin des expériences, le chef de service ou le président de la commission, dresse un certificat constatant les quantités de matières qui ont été délivrées, celles qui ont été employées et les quantités de matières et de résidus, ainsi que les produits, s'il y a lieu, qui ont été reversés en magasin. Ce certificat (*modèle n° 47*), après avoir été vérifié et visé par le commissaire aux travaux, est remis au directeur qui a ordonnancé la délivrance pour servir à la formation du compte dont la tenue est prescrite par l'article 500 de l'instruction du 1er octobre 1854

Lorsque les expériences ont lieu à bord d'un bâtiment armé, en réserve ou désarmé, les matières sont délivrées suivant les formes prescrites par les articles 184 à 192 de l'instruction sus-énoncée : elles sont portées en sortie sous le titre : *Délivrances aux bâtiments.*

Les délivrances faites à un inspecteur en chef ou autre fonctionnaire chargé par le ministre d'une mission spéciale sont justifiées par l'acte de réquisition, relatant la décision du ministre, et revêtu du récépissé de l'inspecteur en chef ou autre fonctionnaire.

ENVOIS FAITS A DES DÉPOTS ÉTABLIS HORS DU TERRITOIRE CONTINENTAL (1).

Les envois aux dépôts établis hors du territoire continental, ne sont effectués que sur l'ordre spécial du ministre. Art. 198 de l'instruction du 1er octobre 1854.

---

(1) Les formalités exigées par les règlements de douane à la sortie des approvisionnements destinés aux colonies, doivent toujours être exactement remplies. (*Circulaire n° 32 du 10 février 1857*, Bulletin officiel, *page 115*).

Il y a lieu de ne porter sous ce titre que la sortie des matières et des

Ils sont soumis aux mêmes formalités et aux mêmes justifications que les envois faits aux ports de France.

La valeur des matières et des objets expédiés est portée
sur l'état à adresser au ministre.

PRÊTS.

Art. 199 de l'instruc-
tion du 1ᵉʳ octobre
1854, et circulaire
nº 314 du 28 dé-
cembre 1863 (Bul.
offic., p. 636).

Les prêts d'objets d'approvisionnement appartenant à la
marine sont interdits, à moins d'autorisation expresse du
ministre ; ou, en cas d'urgence, du préfet maritime, qui
en rend immédiatement compte au ministre.

L'état des objets prêtés, est constaté en présence des
agents du service, ou de la personne qui doit recevoir les
objets, par une commission composée d'un officier de la
direction compétente et d'un sous-commissaire aux approvisionnements.

---

objets expédiés directement par les ports militaires pour le service des approvisionnements de prévoyance formés dans les colonies.

La sortie des objets cédés au service colonial, doit être portée sous le
titre : *Sorties à charge de remboursement* par le comptable expéditeur.

Lorsque l'envoi destiné au service des approvisionnements de prévoyance
est effectué par l'intermédiaire d'un port secondaire, il est classé comme
mouvement de compable à comptable du même service. Lors de la réexpédition qui en est faite par l'administration du port secondaire, les objets
sont portés en sortie définitive dans la comptabilité du port intermédiaire,
sous le titre : *Envois aux colonies.*

Les comptables tiendront une comptabilité spéciale du matériel appartenant au service colonial. Cette comptabilité sera suivie sur un livre journal-
balance conforme au modèle ci-joint. (*Voir le modèle à la page 63 du
Bulletin officiel de 1848, 1ᵉʳ semestre.*)

Les objets provenant d'achats, de cession, d'envois ou de toute autre origine, seront portés en détail sur ce livre. En regard de chaque objet, on
inscrira la date de l'expédition ou de la réexpédition, le nom du bâtiment
à bord duquel les objets auront été chargés, ainsi que le numéro de la
facture.

La sortie des objets prêtés est justifiée par une copie de la décision du ministre ou du préfet et par l'ordre d'exécution (*modèle n° 32*) donné par le commissaire aux approvisionnements et revêtu du récépissé de la partie prenante.

Le comptable dresse un état des objets prêtés (*modèle n° 48 modifié*). Cet état fait connaître la date du prêt, la personne ou le service débiteur des objets prêtés, et le délai dans lequel la réintégration devra être opérée. Il est certifié par le commissaire aux approvisionnements et visé par le commissaire général. Il est ensuite annexé, comme pièce justificative, au compte récapitulatif avec les procès-verbaux des commissions de visite, les récépissés de versement au trésor et les copies d'ordres, en vertu desquels les prêts ont eu lieu.

Les dispositions qui précèdent sont applicables aux prêts faits entre deux services de la marine (1).

Au fur et à mesure des réceptions, des expéditions et des réexpéditions, les comptables des ports militaires et des ports secondaires auront soin de faire parvenir au ministre, sous le timbre de la direction des colonies, les certificats de réception et les factures de réexpédition.

Tous les trois mois, il lui sera adressé sous le timbre du bureau de la comptabilité des matières, un relevé sommaire du livre journal faisant connaître :

D'une part, la date et l'origine de chaque recette, d'autre part, la date de l'expédition ou de la réexpédition, le numéro de la facture et le nom du bâtiment à bord duquel les objets ont été chargés. (*Circulaire du 31 janvier 1848*, Bulletin officiel, *page 58*.)

Les expéditions en douane des matières destinées aux colonies, jouiront des facilités accordées par la décision du ministre des finances du 7 juillet 1843 (*Circulaire du 25 janvier 1851*, Bulletin officiel, *page 39*.)

Les connaissements devront indiquer à l'avenir le nombre et la nature des pièces relatives au chargement qui auront été remises au capitaine chargé du transport. (*Circul. du 11 mai 1850*, Bulletin officiel, *p. 387*.)

(1) Voir le nota de la page 105 du présent manuel relatif aux prêts de futailles faits par le service des approvisionnements généraux de la flotte, à celui des subsistances, pour le transport des liquides.

Voir également la circulaire n° 75 du 13 avril 1858, *Bulletin officiel*,

Justification des sorties imputables aux frais généraux.

PERTES PAR FORCE MAJEURE.

Art. 200 de l'instruc-
tion du 1ᵉʳ octobre
1854.

Lorsqu'une circonstance de force majeure a occasionné la perte d'une partie de matières ou d'objets, le garde-magasin général en informe sur le champ le commissaire aux approvisionnements, qui en rend compte au commissaire général. Le fait et l'importance de la perte sont constatés, suivant le cas, soit par le commissaire rapporteur près les tribunaux maritimes, soit par une commission nommée à cet effet par le préfet maritime, sur la proposition du commissaire général. Le procès-verbal qui est dressé, constate si l'évènement ne peut être imputé ni au comptable, ni aux agents sous ses ordres ; il fait connaître la valeur des matières ou des objets perdus ; il est soumis au conseil d'administration, et transmis ensuite au ministre.

Il est accompagné, lorsqu'il y a lieu, des justifications exigées par le règlement du 13 décembre 1845. (*Décret du 30 novembre 1857.*)

Le comptable n'est déchargé des objets perdus qu'en vertu d'une décision du ministre. Une expédition du procès-verbal constatant la perte, revêtue de cette décision et visée pour l'exécution, par le commissaire aux approvisionnements, sert de pièce justificative.

Les pertes mises à la charge des comptables et autres agents, sont constatées et portées en sortie ainsi qu'il est dit à l'article 146 de l'instruction du 1ᵉʳ octobre 1854.

page 253, concernant les prêts d'instruments de navigation effectués à des ingénieurs hydrographes et à des officiers chargés de travaux hydrographiques.

CONSOMMATIONS POUR LE SERVICE INTÉRIEUR DES MAGASINS.

Les consommations faites dans les magasins, pour le service intérieur, sont justifiées par un état (*modèle n° 49*) dressé par le comptable et revêtu de l'autorisation donnée par le commissaire aux approvisionnements de porter en sortie les matières et les objets consommés (1). Les états concernant les magasins particuliers sont, préalablement à cette autorisation, certifiés par les directeurs.

Art. 201 de l'instruction du 1er octobre 1854.

CONSOMMATIONS POUR ÉPREUVES.

Lorsque la commission de recette a procédé elle-même aux épreuves, les quantités de matières qui, provenant de livraisons faites par les fournisseurs et admises en recette, ont été employées aux épreuves de ces livraisons, sont constatées par le procès-verbal de recette et justifiées par un extrait de ce procès-verbal (*modèle n° 50*) revêtu de l'ordre de porter en sortie, donné par le commissaire aux approvisionnements (2).

Art. 202 de l'instruction du 1er octobre 1854.

Lorsque les épreuves de livraisons faites par les fournisseurs ont exigé la consommation de matières appartenant à la marine, et que la commission a procédé elle-même aux épreuves, cette consommation est constatée et justifiée ainsi qu'il est dit au paragraphe précédent.

Dans le cas où les matières livrées ont été éprouvées dans les travaux exécutés dans les ateliers, les consommations sont portées en sortie comme emploi aux travaux ;

---

(1) NOTA : Le fil à voile, le papier, les clous, etc., employés aux emballages des matières à expédier, doivent être portés en sortie sous ce titre. (Voir les explications reproduites au nota de la page 106 du présent manuel).

(2) Voir le 4e nota de la page 22 du présent manuel.

elles sont constatées et justifiées dans les formes prescrites au chapitre 1er du titre V, *De la Comptabilité de l'emploi des matières, etc.*

Il est fait mention de cette circonstance dans le procès-verbal de la commission.

Toutes les fois que les épreuves sont faites pour le compte d'un autre service, les matières consommées sont portées sous le titre de *cessions* dans la comptabilité des mouvements de matières ou dans celle des travaux, suivant que les épreuves ont été faites par la commission de recette ou dans l'exécution des travaux.

DÉCHETS DE MAGASINS.

Art. 203 de l'instruction du 1er octobre 1854.

La constatation et la justification des déchets trouvés dans les magasins, sont soumises aux règles applicables à la constatation et à la justification des déficits.

DÉCHETS PAR SUITE DE RÉPARATIONS.

Art. 204 de l'instruction du 1er octobre 1854.

La diminution de poids occasionnée par la réparation des objets dont le compte est suivi au poids, est constatée et justifiée par un certificat du directeur (*modèle n° 27*) qui a fait exécuter la réparation, le dit certificat vérifié par le commissaire aux travaux et revêtu de l'ordre de régularisation donné par le commissaire aux approvisionnements (1).

---

(1) Les réparations des objets de forge donnent lieu quelques fois à une augmentation ou à une diminution dans le poids de ces objets. Cette augmentation ou diminution, lorsqu'elle portera sur des objets d'approvisionnement dont le compte est suivi au kilogramme, sera constatée par un certificat du directeur qui a fait exécuter la réparation ; le dit certificat, vérifié

Sorties d'objets dont le classement a été changé par suite de réparations ou de modifications.

Lorsque, par suite de réparations exécutées avant le versement effectif dans les magasins, les objets provenant de remise définitive doivent changer de classement, le directeur qui a fait exécuter les réparations dresse un certificat (*modèle n° 51*) constatant les numéros de la nomenclature, les espèces, les quantités et le poids des objets avant et après leur réparation. Ce certificat est vérifié par le commissaire aux travaux.

Art. 205 de l'arrêté ministériel du 2 décembre 1857

Les dispositions du précédent paragraphe sont applicables aux changements de classement rendus nécessaires par le zingage, la garniture des voiles et autres opérations analogues, et par la réparation des objets en approvisionnement (1).

---

par le commissaire aux travaux, et revêtu de l'ordre de régularisation, donné par le commissaire aux approvisionnements, et, lorsqu'il y aura lieu, de la déclaration de prise en charge du comptable.

L'excédant de poids sera porté en entrée dans la subdivision des entrées diverses ayant pour titre : *Résidus des matières mises en œuvre et produits des réparations d'objets confectionnés.*

La diminution de poids sera portée dans les sorties diverses sous le titre : *Déchets par suite de réparations*, qu'on ajoutera après les pertes par force majeure. (*Circulaire du 24 avril 1846*).

(1) La circulaire du 24 avril 1846 a prescrit le mode à suivre pour la régularisation dans les écritures des comptables, des diminutions et des augmentations de poids résultant des réparations faites aux objets de forge, dont le compte est suivi au kilogramme. Les dispositions contenues dans cette circulaire, concernent seulement les objets compris dans la nomenclature générale sous le même numéro d'unité simple.

Il reste à prescrire les formalités à remplir à l'égard des objets, tels que les ancres, les grappins, qui, étant divisés en plusieurs catégories, doivent changer de classement par suite des réparations qu'ils ont subies.

Pour régulariser ces changements de classement, le directeur qui aura fait exécuter la réparation, dressera, dans les formes du modèle n° 51, (annexé à l'instruction générale du 1er octobre 1854), un certificat constatant les numéros de la nomenclature, les espèces, les quantités et le poids

7

A l'égard des objets en approvisionnement qu'il serait utile de modifier pour pouvoir les utiliser immédiatement, le préfet maritime, sur le rapport du directeur compétent et l'avis du commissaire général, autorise les modifications qu'il y aurait lieu d'apporter.

La sortie des objets sous leur ancien classement est justifiée par le certificat du directeur (*modèle n° 51*), revêtu de l'ordre de régularisation donné par le commissaire aux approvisionnements, relatant, lorsqu'il y a lieu, la décision du préfet mari-

---

des objets avant et après leur réparation. Ce certificat sera revêtu de l'ordre de régularisation donné par le commissaire aux approvisionnements.

Le comptable portera les objets :

En sorties, sous le titre de : *Déclassement par suite de réparation*, à l'article dans lequel ils étaient primitivement classés ;

Et en entrées, sous le même titre, à l'article auquel ils doivent être réunis.

Il déclarera, sur le certificat du directeur, s'être chargé en recette des objets dont il s'agit sous leur nouvelle classification.

Les dispositions qui précèdent ne concernent que les objets provenant de remise, et que les commissions de visite ont reconnu avoir besoin de réparation.

A l'égard des objets en approvisionnement dans les magasins qu'il serait utile de modifier ou de déclasser, il y aura lieu de se conformer aux dispositions des articles 206 et suivants. (*Instruction du 1er octobre 1854.*) Toutefois, en cas d'urgence, le préfet maritime pourra autoriser sur le rapport du directeur compétent, les modifications qu'il y aurait intérêt d'apporter à des objets de cette catégorie, pour pouvoir les utiliser immédiatement. Dans ce cas, les changements de classements seront opérés ainsi qu'il est dit ci-dessus, avec cette seule différence, que le certificat du directeur sera revêtu de l'approbation du préfet maritime. (*Circulaire du 18 octobre 1847, no 192*)

Quant aux opérations qui concernent les objets à zinguer, existant en magasin ou provenant de remise, il y a lieu d'en opérer la régularisation d'après le mode prescrit par la circulaire du 24 avril 1846, et celle du 18 octobre 1847, no 192, à l'égard des objets dont le classement doit changer, par suite des réparations qu'ils ont subies. (*Dépêche ministérielle du 23 décembre 1852.*) (Voir la circulaire du 4 août 1853, *Bulletin officiel*, page 457, relative aux voiles garnies et aux voiles non garnies).

time, ainsi que la déclaration du comptable constatant la prise en charge des objets sous leur nouveau classement.

Les objets en approvisionnement délivrés pour être réparés ou modifiés sont portés sur le registre (*modèle n° 14 modifié*) et sur la balance (*modèle n° 66 bis*) mentionnés aux articles 68 et 123 de l'arrêté ministériel du 2 décembre 1857 et l'article 91 de l'arrêté ministériel du 12 octobre 1859.

SORTIES D'OBJETS DÉTRUITS, DÉMOLIS OU DÉCLASSÉS PAR SUITE DE CONDAMNATIONS.

Lorsqu'il est présumé que des matières ou des objets en approvisionnement ne peuvent plus servir sous la désignation pour laquelle ils figuraient dans les écritures, il en est dressé un état par les soins du garde-magasin général ou des gardes-magasins particuliers des directions. Cet état est visé, s'il y a lieu, par le directeur, et il est remis au commissaire aux approvisionnements. *Art. 206 de l'instruction du 1er octobre 1854.*

Une commission est chargée de constater, si les matières ou les objets ne peuvent plus être utilisés, de déterminer les catégories ou les classes dans lesquelles on doit les porter en recette, ou de proposer, s'il y a lieu, leur démolition, leur destruction ou leur vente.

Cette commission est composée :

D'un officier de la direction qui emploie le plus spécialement les matières et les objets à examiner ;

D'un officier de marine ;

Et d'un officier du commissariat.

L'inspecteur reçoit avis de chaque convocation.

La commission opère selon les formes déterminées par les articles 88 et suivants de l'instruction du 1er octobre 1854.

Le procès-verbal, en double expédition, (*modèles n°s 52, 53 et 54*) accompagné d'un rapport particulier contenant l'opinion de la commission sur les causes qui motivent la condamnation, est soumis à l'examen du conseil d'administration de la marine et à l'approbation du ministre.

Toutefois, dans le cas où les objets reconnus hors de service peuvent être utilisés immédiatement, sous le classement proposé par la commission de visite, le préfet maritime fait exécuter les dispositions proposées par cette commission, et rend compte au ministre de l'autorisation qu'il a donnée. Il transmet en même temps les documents mentionnés dans le paragraphe précédent.

Art. 207 de l'instruction du 1ᵉʳ octobre 1854.

Si le ministre ordonne la destruction des objets condamnés cette destruction est opérée :

En présence d'un délégué du commissaire aux approvisionnements et du garde-magasin général, s'il s'agit d'objets existant au magasin général ;

En présence d'un délégué du commissaire aux approvisionnements et du garde-magasin particulier, s'il s'agit d'objets existant dans les magasins particuliers des directions.

Il est dressé procès-verbal de l'opération au pied du procès-verbal de condamnation (*modèle n° 54.*)

Art. 208 de l'instruction du 1ᵉʳ octobre 1854.

Les objets à démolir sont remis aux ateliers.

La démolition a lieu avec les formalités prescrites par l'article 93 de l'instruction du 1ᵉʳ octobre 1854 pour la démolition des objets provenant de remises.

Un procès-verbal (*modèle n° 55*) constate l'opération, ainsi que la quantité de chaque espèce de matières provenant de la démolition.

Art. 209 de l'instruction du 1ᵉʳ octobre 1854.

La sortie des matières et des objets démolis ou détruits est justifiée, dans la comptabilité du garde-magasin, par le procès-verbal de condamnation (*modèles n°ˢ 52 et 54*), approuvé par le ministre et par le procès-verbal de destruction ou de démolition (*modèle n° 55*), revêtu de l'ordre de porter en sortie donné par le commissaire aux approvisionnements, et, lorsqu'il y a lieu, de la déclaration de prise en charge des matières provenant de la démolition.

La sortie des objets destinés à être vendus a lieu dans les formes déterminées par les articles 214 et suivants de l'instruction du 1er octobre 1854. Art. 210 de l'instruction du 1er octobre 1854.

Les sorties pour déclassement sont justifiées par le procès-verbal de condamnation (*modèle n° 53*) portant : 1° l'approbation du ministre ; 2° l'ordre d'exécution donné par le commissaire aux approvisionnements ; 5° la déclaration de prise en charge des matières sous leur nouveau classement. Art. 211 de l'instruction du 1er octobre 1854.

REMISES AUX DOMAINES DE MATIÈRES ET D'OBJETS DESTINÉS A ÊTRE VENDUS.

Les matières et les objets hors de service provenant, soit des remises effectuées par des bâtiments ou par les différents services du port, soit de démolitions, etc. sont versés au magasin général, lorsque par suite des décisions des commissions de visite, approuvées, s'il y a eu lieu, par le préfet maritime, ces matières et ces objets sont destinés à être vendus. Ils sont déposés dans un local spécial. Art. 212 de l'instruction du 1er octobre 1854.

Les objets dont le déplacement donnerait lieu à de trop grands mouvements, restent provisoirement dans les magasins ou dans les ateliers où ils se trouvent au moment de la condamnation.

Art. 213 de l'instruc-
tion du 1er octobre
1854.

L'examen de tous les objets provenant de remise définitive et versés au magasin général pour être vendus, est
fait par une commission composée conformément aux règles
déterminées à l'égard des commissions de recette (1).

La commission constate dans un procès-verbal (*modèle
n° 54*) les résultats de son examen, et elle propose la
vente des objets qu'elle a reconnu ne pouvoir être utilisés
pour aucun service.

Le procès-verbal, après communication à chacun des
directeurs de l'arsenal, et après examen en conseil d'administration, est transmis au ministre en double expédition.

Art. 214 de l'instruc-
tion du 1er octobre
1854, modifié par la
circulaire n° 310 du
26 décembre 1863
(*Bulletin officiel*,
p. 610.)

Lorsque le ministre ou, en cas d'urgence, le préfet maritime en conseil d'administration, a autorisé la vente des
objets en approvisionnement (*articles 206 et 210 de l'instruction du 1er octobre 1854*) ou des objets provenant de
remise définitive, le commissaire aux approvisionnements
en donne avis à l'administration des domaines.

La remise au domaine des objets à vendre, est opérée
par le garde-magasin général sous la surveillance du commissaire aux approvisionnements, après avertissement donné
à l'inspecteur.

Elle est justifiée par l'ordre du commissaire aux approvisionnements, donné au pied du procès-verbal de condamnation (*modèle n° 54*) revêtu du récépissé des agents des
domaines.

Dans le cas où les objets destinés à être vendus ne
peuvent être enlevés par les agents des domaines, ils
demeurent déposés dans les magasins de la marine jus-

---

(1) Lorsque les matières concernent plusieurs services, un officier de
chaque service doit être appelé à faire partie de la commission d'examen.

qu'au moment de leur remise entre les mains des acqué-
reurs (1).

Dans tous les cas, il est procédé à la vente par les
soins des agents des domaines, dans les formes prescrites
par les articles 179 à 184 du réglement financier du 31 octobre 1840.

Lorsque des objets, provenant de remise et classés par
la commission de visite comme devant être vendus, sont
reconnus pouvoir être utilisés dans les arsenaux par la
commission mentionnée en l'article 213 de l'instruction du
1er octobre 1854, il en est rendu compte au préfet qui
statue, après avoir pris l'avis d'une nouvelle commission,
s'il juge qu'il y ait lieu.

Art. 215 de l'instruc-
tion du 1er octobre
1854.

---

(1) L'administration des domaines est tenue de pourvoir au transport et
à la garde des objets réformés, sauf à réclamer, pour diminuer le plus
possible la dépense le concours officieux des agents de la marine. (*Circulaire no 268 du 23 novembre 1864*, Bulletin officiel, *page 326*).

Diverses questions avaient été adressées à mon prédécesseur, relativement aux cas dans lesquels l'autorisation du ministre serait nécessaire à
l'administration des ports, pour qu'elle puisse mettre en vente des objets
reconnus inutiles au service.

Une dépêche du 31 mai dernier, no 129, a fait connaître que, dans les
cas d'urgence, le conseil d'administration aura toujours la faculté d'autoriser les ventes, sans avoir recours à l'approbation préalable du ministre.
Cette faculté s'appliquera aux objets de toute espèce qui ne peuvent être
utilisés en aucune façon, ou dont la détérioration prompte pourrait amener
une perte pour l'Etat.

En ce qui concerne la vente des effets condamnés comme hors de service, et appartenant aux corps organisés de la marine, voici les dispositions
que j'ai arrêtées :

Tant que les dits effets figurent à l'existant du magasin général, les
formes à suivre doivent être celles qui ont été déterminées par la circulaire
du 17 février 1849 et les dépêches des 27 avril et 31 mai suivant qui lui servent de développement.

Mais lorsqu'il s'agit d'effets en service, les articles 767 et 787 de l'ordonnance du 27 juin 1847, deviennent la règle qu'il faut suivre ; dans ce cas,
l'autorisation ministérielle n'est pas nécessaire pour procéder à la vente.
(*Circulaire du 28 novembre 1849*, Bulletin officiel, *page 763*.)

Si les objets sont réintégrés en magasin, ils sont portés en recette à titre de remise du bâtiment ou du service d'où ils proviennent. L'entrée des mêmes objets primitivement classés comme étant à vendre, est annulée dans les formes prescrites par les articles 301, 308 et 309 de l'instruction du 1er octobre 1854.

DÉFICITS ADMIS EN COMPTE.

Art. 217 de l'instruction du 1er octobre 1854.

Les déficits admis en compte sont constatés par le procès-verbal (*modèle n° 57*) de l'officier du commissariat qui a opéré le recensement des matières et des objets, (*article 240 et suivants de l'instruction du 1er octobre 1854*). Ils sont justifiés par ce procès-verbal, revêtu de l'approbation du ministre et de l'ordre d'exécution donné par le commissaire aux approvisionnements.

Les déficits mis à la charge des comptables ou de leurs agents, sont portés en sortie et justifiés ainsi qu'il est dit à l'article 146 de l'instruction du 1er octobre 1854.

CHANGEMENTS DE CLASSIFICATION.

Art. 218 de l'instruction du 1er octobre 1854

Les sorties pour changements de classification, sont constatées et justifiées selon les formes prescrites par l'article 118 de l'instruction du 1er octobre 1854 (*modèle n° 28.*)

Justifications des sorties d'ordre.

———

§. 1er.

MOUVEMENTS DE COMPTABLE A COMPTABLE DU MÊME SERVICE.

———

ENVOIS AUX MAGASINS DE PARIS, AUX AUTRES PORTS, AUX ÉTABLISSEMENTS
SITUÉS HORS DES PORTS (1).
ENVOIS AUX POUDRERIES ET AUX MANUFACTURES D'ARMES DU DÉPARTEMENT
DE LA GUERRE.

Les envois aux magasins de Paris, aux autres ports, aux établissements situés hors des ports, aux poudreries, et aux manufactures d'armes du département de la guerre, n'ont lieu qu'en vertu des ordres du ministre de la marine.

Art. 219 de l'instruction du 1er octobre 1854.

---

(1) Toutes les fois que les envois de matières et objets destinés, soit aux colonies, soit aux bâtiments en cours de campagne, auront lieu par l'intermédiaire d'un port secondaire, ils seront considérés comme mouvements de comptable à comptable du même service. (*Voir le nota de l'article 190 de l'arrêté ministériel du 12 octobre 1859.*) Voir également les explications contenues dans la circulaire du 31 mars 1848, no 139, page 271 du *Bulletin officiel*, relativement aux envois aux poudreries et aux manufactures d'armes. Cette circulaire est reproduite au nota de la page 83 de l'instruction du 1er octobre 1854.

Les dispositions contenues dans ce paragraphe, sont applicables aux envois faits par l'établissement d'Indret, d'appareils à vapeur construits dans cet établissement, et destinés à être montés dans un des cinq ports militaires. (*Circulaire du 28 août 1846.*)

Les futailles qui sont mises par le magasin particulier de la direction des constructions à la disposition du service des subsistances pour contenir le liquide à envoyer à d'autres ports, seront portées à titre de prêt au compte de ce service, qui les comprendra dans ses écritures ainsi que dans les états et avis d'expédition qu'il doit dresser. A l'arrivée à destination, les futailles seront restituées au magasin particulier de la direction des constructions navales du port de réception. (*Circulaire du 9 février 1850,* Bulletin officiel, *page 139*).

Voir le nota inséré à la page 132 de l'instruction du 1er octobre 1854, relatif au régime des douanes.

Lorsque les envois doivent se faire par les magasins particuliers, les ordres d'expédition sont communiqués aux directeurs compétents.

Le commissaire aux approvisionnements remet au garde-magasin général, un ordre, par magasin, faisant connaître les matières et les objets à expédier (*modèle n° 46.*)

Ces matières et ces objets sont visités, sur la convocation du commissaire aux approvisionnements, par un officier de la direction compétente, de concert avec un officier du commissariat, en présence du comptable et après avis donné à l'inspection.

Il est dressé procès-verbal de cette opération.

Art. 220 de l'instruction du 1er octobre 1854.

Lorsque, après avoir été visités, les matières et les objets doivent être encaissés ou emballés (1), l'opération est faite par les soins du comptable, sous la surveillance d'un officier du commissariat délégué du commissaire aux approvisionnements, lequel constate les quantités des matières

---

(1) Les matières employées aux emballages, lors des envois à faire à d'autres ports et à des bâtiments en cours de campagne, sont de deux natures :

Les unes, telles que fil à voile, papier, clous, sont consommées.

Les autres, telles que caisses d'emballage, toile, etc. subsistent et doivent être prises en charge par le comptable du service destinataire.

J'ai eu lieu de remarquer que les premières étaient souvent mentionnées sur les factures d'envoi, c'est une irrégularité qui ne doit plus se reproduire.

La sortie des matières dont il est question, doit être classée dans les livres du comptable du service expéditeur sous le titre : *Consommation pour le service intérieur*, et justifiée d'après les règles relatives à ces consommations.

Les autres objets continueront seuls d'être compris parmi les matières expédiées, et par conséquent, portées en compte sur les factures et avis d'expédition. (*Circulaire du 18 mars 1852*, Bulletin officiel, *page 294*).

Les destinataires doivent consigner exactement le poids des colis sur chaque lettre de voiture. (*Circulaire n° 192 du 4 août 1849*, Bulletin officiel, *page 482*).

et des objets et appose les plombs sur les caisses ou ballots.

Il est dressé procès-verbal de ces opérations.

La livraison des matières et des objets à envoyer est faite par le comptable expéditeur, au chargé du transport, ou à l'officier, ou à l'aspirant délégué par le capitaine. *Art. 221 de l'instruction du 1er octobre 1854.*

Le chargé du transport ou le délégué donne récépissé dans la forme prescrite par l'article 222 de l'instruction du 1er octobre 1854, soit du nombre ou du poids des objets qui lui sont remis, soit du nombre et du poids des caisses ou colis dans le cas prévu par l'article 220 de ladite instruction.

Le comptable expéditeur dresse un état des matières et des objets expédiés (*modèle n° 58*). Cet état détaille les matières et les objets expédiés, leur nombre, leur poids, les marques et autres indications propres à les faire reconnaître, le service auquel les objets appartiennent, les numéros d'ordre des unités simples et des unités collectives. Il relate les ordres en vertu desquels l'envoi s'exécute. Il est signé par le comptable expéditeur, par le commissaire aux approvisionnements et par l'officier ou agent chargé d'effectuer le transport. *Art. 222 de l'instruction du 1er octobre 1854.*

Lorsque l'envoi a lieu par navire du commerce ou par la voie de terre, l'état des objets expédiés demeure annexé au connaissement ou à la facture à dresser par les capitaines des navires du commerce, ou par les entrepreneurs du transport, dans les formes prescrites par l'article 6 de la loi des finances du 11 juin 1842 (1).

---

(1) A partir de la promulgation de la présente loi, les lettres de voiture et les connaissements, ne pourront être rédigés que sur du papier timbré, fourni par l'administration ou sur du papier timbré à l'extraordinaire, et frappé d'un timbre noir et d'un timbre sec.

Les particuliers qui, dans les départements autres que celui de la Seine,

L'état des matières et des objets expédiés, accompagné, lorsqu'il y a lieu, de la facture ou du connaissement, est gardé, soit par le capitaine, soit par le commissionnaire ; une ampliation de cet état portant évaluation est transmise au ministre.

Un avis d'expédition (*modèle n° 59*) portant également évaluation est adressé au port de destination (1).

Art. 223 de l'instruction du 1er octobre 1854.

Les sorties pour envois aux magasins de Paris, aux autres ports, aux établissements situés hors des ports, etc. sont justifiées par l'ordre d'expédition (*modèle n° 46*) donné par le commissaire aux approvisionnements, et par l'extrait du procès-verbal de visite, ainsi que par l'extrait du procès-verbal d'emballage, s'il y a lieu. Cet ordre d'expédition doit être revêtu du récépissé de l'agent chargé d'effectuer le transport ou du capitaine du bâtiment.

---

voudront faire timbrer à l'extraordinaire des papiers destinés aux lettres de voitures ou aux connaissements, seront admis à les remettre, en payant préalablement les droits au receveur du timbre à l'extraordinaire, établi au chef-lieu de chaque département. Ces papiers seront transmis par le directeur à l'administration, qui les fera timbrer, et les renverra immédiatement.

Les frais de transport seront à la charge de l'administration. (*Article 6 de la loi des finances du 11 juin 1842.*)

(1) Les prescriptions de la circulaire du 25 février 1847, n° 38, qui a prévu le cas où il y a lieu de détailler, dans les avis d'expédition, factures, etc., les parties dont se composent les objets expédiés, notamment les appareils à vapeur, sont rendus applicables aux envois de fer, de cuivre, d'acier, de toiles, de cordages, en un mot, à toutes les matières qui, d'après l'unité de compte, ne forment qu'un article sur les factures et les avis d'expédition, tout en comprenant plusieurs barres, bottes, pièces, paquets, etc. On devra donc à l'avenir inscrire en regard des quantités, le nombre de barres, de bottes, de pièces ou de paquets, etc.

A l'égard des munitions renfermées dans des caisses, futailles ou ballots, dont le détail par colis ne pourrait être inscrit facilement sur les factures et avis d'expédition, elles seront énumérées, toutes les fois qu'il sera possible de le faire, sans entraver la célérité des expéditions, sur un bulletin,

§. 2me

MOUVEMENTS INTÉRIEURS.

MOUVEMENTS RÉCIPROQUES ENTRE LE GARDE-MAGASIN GÉNÉRAL ET LES GARDES-MAGASINS PARTICULIERS DES DIRECTIONS DONT LES DÉPENSES S'IMPUTENT SUR LE MÊME CHAPITRE DU BUDGET, ET MOUVEMENTS ENTRE CES GARDES-MAGASINS PARTICULIERS EUX-MÊMES.

Les règles relatives aux versements réciproques entre le magasin général et les magasins particuliers et entre les magasins particuliers eux-mêmes sont déterminées aux articles 126 à 130 inclus de l'instruction du 1er octobre 1854.

Art. 224 de l'instruction du 1er octobre 1854.

REMISES DE SERVICE PAR SUITE DE MUTATIONS DE COMPTABLES.

Aucune mutation de comptables ou de préposés comptables ne peut avoir lieu à titre définitif, sans l'approbation du ministre.

Art. 225 de l'instruction du 1er octobre 1854.

---

une note ou un bordereau qui accompagnera chaque caisse, futaille ou ballot. Au moyen de ce document, l'administration sera en mesure de faire constater immédiatement par la commission mentionnée à l'article 120 de l'instruction générale du 1er octobre 1854, la nature des avaries que pourraient avoir éprouvées certains colis, ainsi que les pertes qui en auraient été la conséquence. (*Circulaire n° 165 du 8 juillet 1856*, Bulletin officiel, *page 594.*)

Quelles que soient les indications du bulletin de l'entreprise chargée du transport, le service expéditeur ne doit jamais se dispenser d'adresser directement, au service destinataire, l'avis d'expédition, (*comptabilité du matériel, modèle n° 59*), prescrit par l'article 222 de l'instruction du 1er octobre 1854, et sur lequel devront être désormais soigneusement relatées les conditions de prix et de délai, avec indication de la retenue en cas de retard dans l'arrivée. (*Circulaire n° 44 du 17 mars 1859*, Bulletin officiel, *page 153.*)

Les frais de transport des objets expédiés de port à port ou à des établissements de la marine, hors des ports, et réciproquement, doivent être acquittés au lieu de destination. (*Circulaire n° 62 du 19 mars 1856*, Bulletin officiel, *page 295.*)

Art. 226 de l'instruction du 1er octobre 1854.

Lorsque par suite de décès ou de tout autre circonstance de force majeure, il est nécessaire de pourvoir, par urgence, au remplacement d'un comptable ou d'un préposé comptable, le préfet maritime, sur la proposition du comptable principal, émargée des observations du commissaire général et du directeur compétent, lorsqu'il y a lieu, nomme un comptable ou un préposé comptable intérimaire qui gère pour son compte personnel. Il rend immédiatement compte au ministre de la désignation qu'il a faite, et des circonstances qui l'ont motivée. Il adresse en même temps ses propositions pour le remplacement définitif du comptable.

Art. 227 de l'instruction du 1er octobre 1854.

Dans tous les cas de mutation de comptables, même à titre provisoire, la remise et la prise de service sont constatées dans les formes prescrites par les articles 21 et 22 du règlement du 13 décembre 1845. (*Articles 20 et 21 du décret du 30 novembre 1857*) (1).

---

(1) Dans le cas de mutation de comptable, la remise et la prise du service sont constatées par un procès-verbal dressé, dans les ports, par le commissaire général ou par ses délégués, et dans les établissements situés hors des ports par l'officier d'administration ; ce procès-verbal est signé par les deux agents entrant et sortant.

Lorsque ce procès-verbal est accepté sans réserve par les parties intéressées, il tient lieu d'inventaire et est considéré : pour le comptable sortant comme la constatation de l'existant entre ses mains au moment de la remise du service, pour le comptable entrant, comme sa déclaration formelle de prise en charge du matériel dont l'existence est constatée à cette même date par les écritures.

Dans le cas de dissidence entre les deux comptables, une commission est immédiatement nommée pour procéder au recensement des magasins et à la formation d'un inventaire.

Les difficultés qui pourraient s'élever entre les deux comptables, sont décidées administrativement dans les formes déterminées par les règlements du service. (*Article 21 du règlement du 13 décembre 1845.*) (*Article 20 du décret du 30 novembre 1857*).

La gestion d'un comptable (même intérimaire) commence et finit aux

Le procès-verbal constatant cette remise et cette prise de service est dressé en trois expéditions ; une expédition est transmise au ministre, une autre est annexée au compte du comptable sortant, et la troisième est annexée au compte du nouveau comptable.

---

jours indiqués par les procès-verbaux constatant la prise et la remise du service. *(Deuxième paragraphe de l'article 1er du décret du 4 février 1852, Bulletin officiel, page 79.)*

Le comptable sortant, a le droit de se faire représenter à l'inventaire par un fondé de pouvoir ; le comptable entrant, ne peut user de la même faculté. *(Article 22 du réglement du 13 décembre 1845). (Article 21 du décret du 30 novembre 1857.)*

Aucune nomination ou remplacement de comptables ne peut avoir lieu, à titre définitif, sans l'approbation du ministre.

Lorsque, par suite de décès ou de toute autre circonstance de force majeure, il est nécessaire de pourvoir, par urgence, au remplacement d'un comptable, le préfet maritime, dans les ports militaires, le chef du service de la marine dans les ports secondaires, et le directeur dans les établissements situés hors des ports, nomme un comptable intérimaire. Il rend immédiatement compte au ministre de la désignation qu'il a faite, et des circonstances qui l'ont motivée. Il propose, en même temps, de confirmer l'intérimaire dans l'emploi qui lui a été confié, ou adresse toute autre proposition qu'il juge convenable.

Aux termes de l'article 23 du réglement précité, *(article 22 du décret du 30 novembre 1857)*, le comptable intérimaire gère en son nom personnel. Par conséquent, la remise et la prise du service doivent être constatées dans les formes prescrites par les articles 21 et 22 sus énoncés.

Dans les ports, le commissaire général ou son délégué, dans les établissements situés hors des ports, l'officier d'administration, préside à cette opération, et dresse un procès-verbal qui est signé par les deux agents entrant et sortant. Ce procès-verbal doit être transmis au ministre.

Si le comptable entrant, prend charge de l'existant en magasin, tel qu'il résulte des écritures, le procès-verbal dont il vient d'être question le constate. Dans ce cas, il n'est pas nécessaire d'y relater cet existant.

Dans le cas où le comptable entrant ne consentirait à se charger de la gestion qu'après le recensement des matières et des objets existant en magasin, on procédera à cette opération dans les formes déterminées par les articles 149 et suivants, modifiés, (241 et suivants nouveaux de l'instruction générale), à moins que, suivant ce qui va être dit plus bas, il n'y eut impossibilité de le faire.

DISPOSITIONS GÉNÉRALES RELATIVES AUX DÉLIVRANCES, AUX REMISES ET AUX ENVOIS.

Art. 228 de l'instruction du 1er octobre 1854. Les demandes de matières et d'objets faites par les bâtiments et par les divers services sont dressées sur des feuilles ou billets (*modèles n°s 31, 58, 38 bis, 41 et 41 bis*) divisés par service et par section et dépôt de magasin, sauf le cas prévu par l'article 169 de l'instruction du 1er octobre 1854. Ces demandes ne sont admises par les comptables que sur l'ordre de délivrance donné par le

---

L'article 22 du réglement du 13 décembre 1845, (*article 21 du décret du 30 novembre 1857*) accorde au comptable sortant, la faculté de se faire représenter par un fondé de pouvoirs, et refuse au comptable entrant, le droit d'user de la même faculté.

Il serait sans doute à désirer qu'une nouvelle gestion eût toujours pour point de départ un inventaire. Mais la vérification de l'existant en magasin ne peut être faite aussi promptement ni aussi économiquement que celle d'une caisse. Il dépend de l'administration, par l'ordre et l'arrangement des matières, d'abréger les délais et de réduire les dépenses qu'exigent les recensements. Je me plais à reconnaître que, sous ce rapport, de notables progrès ont été réalisés, et j'espère qu'il en sera apporté d'autres non moins importants, mais dans la plupart des services, les recensements généraux ne pourront jamais se faire qu'avec beaucoup de temps et à grands frais.

On ne pourra donc pas renouveler ces opérations à chaque nomination de comptable, lorsque, ainsi que le cas s'en est présenté, il y aura plusieurs mutations dans le cours de l'année.

Si un comptable nouvellement nommé, insistait pour qu'il fût procédé à la constatation d'un existant qui aurait été récemment vérifié, il m'en sera référé, en me rendant compte, s'il y a lieu, des circonstances exceptionnelles qui auraient motivé cette demande.

Toutes les fois que les circonstances le permettront, les mutations de comptable devront coïncider avec l'expiration de l'année, ou, du moins, avec celle d'un trimestre.

Soit qu'un comptable nouvellement pourvu d'emploi, prenne charge d'après l'existant résultant des écritures, soit qu'il y ait lieu de procéder à la constatation des quantités existant en magasin, le changement de gestion datera du 1er du mois pendant lequel la mutation du comptable aura eu lieu.

directeur compétent ou par le commissaire aux approvisionnements, suivant le cas.

Lorsque les matières et les objets demandés doivent sortir du port, le directeur qui ordonne la délivrance ou le commissaire aux approvisionnements, suivant le cas, mentionne cette circonstance sur son ordre.

Les directeurs peuvent se faire suppléer par un des officiers placés sous leurs ordres, dans la signature des ordres de délivrances aux bâtiments et aux divers services ainsi que dans le visa des feuilles ou billets de remise, Art. 229 de l'instruction du 1er octobre 1854.

L'article 58 du réglement du 13 décembre 1845 (*article 58 du décret du 30 novembre 1857*), prescrit le renouvellement du journal et des livres auxiliaires, à moins que le ministre n'en ait autrement ordonné. Dans tous les cas où ce renouvellement ne sera pas indispensable, il ne sera point opéré. Il sera rendu compte au ministre de la décision qui aura été prise à cet égard.

L'article 68 du même réglement (*article 68 du décret du 30 novembre 1857*), oblige le comptable dont les fonctions ont cessé pendant le cours de l'année, à produire son compte dans les trois mois qui suivent l'époque de la remise de son service. Cette obligation ne s'applique qu'aux comptables principaux. En ce qui concerne les préposés comptables, si une mutation a lieu pendant le cours d'un trimestre, le préposé comptable sortant, doit fournir le relevé de ses opérations pendant le trimestre en cours d'exécution.

Lorsqu'une mutation de comptable a lieu dans le cours d'une année, le restant au dernier jour de la gestion doit être porté en sortie sur le relevé, comme sur le compte, dans la colonne : *Mouvements intérieurs.* C'est également dans la colonne correspondante des entrées que le nouveau comptable doit prendre charge de l'existant en magasin. La nomenclature générale des pièces à produire par les comptables des matières faisant suite au réglement du 13 décembre 1845 (*décret du 30 novembre 1857*), dispose que les entrées et les sorties de cette nature qui se balancent, n'ont point à être appuyées de pièces justificatives.

Si la mutation a lieu à compter du 1er janvier, le restant au 31 décembre que fait ressortir le compte, et qui est constaté par l'inventaire, forme naturellement le point d'arrêt de l'ancienne gestion, et le point de départ de la gestion nouvelle.

Vous voudrez bien tenir la main à l'exécution des dispositions ci-dessus prescrites. (*Circulaire du 8 décembre 1848*, Bulletin officiel, *page 513.*)

8

sauf la faculté accordée par l'article 83 de l'instruction du 1ᵉʳ octobre 1854.

Cet officier agit sous la responsabilité du directeur et signe : « *pour le directeur et par son autorisation.* »

Art. 230 de l'instruction du 1ᵉʳ octobre 1854.

Dans chaque arsenal, un ordre de service du préfet maritime fixe les heures pendant lesquelles les directeurs ou les officiers autorisés à ordonnancer les délivrances aux bâtiments et aux divers services, et à signer les feuilles ou billets de remise, doivent être présents à leur bureau pour satisfaire aux demandes de ces bâtiments ou services.

Une ampliation de l'ordre de service est transmise au ministre.

Cet ordre est notifié à tous les bâtiments qui arrivent sur rade.

Art. 231 de l'instruction du 1ᵉʳ octobre 1854.

Les billets ou feuilles de demande, et les ordres de délivrance revêtus des formalités déterminées, sont présentés au garde-magasin général ou au garde-magasin particulier qui vise les ordres et fait opérer les délivrances.

Art. 232 de l'instruction du 1ᵉʳ octobre 1854.

La partie prenante reçoit dans les magasins les objets demandés. Elle en reconnaît la quantité et les fait enlever immédiatement.

Les matières et les objets sont considérés comme délivrés, du moment où, après avoir été pesés, mesurés ou comptés en présence de la partie prenante, ils ont été mis à sa disposition (1).

(1) Les documents de comptabilité qui me parviennent périodiquement des ports et des établissements de la marine constatent que, dans les délivrances très-considérables de matières d'une valeur minime, telles que : *Vieux cordages pour étoupes, fers vieux, etc.*, les quantités ont été poussées jusqu'à la fraction du kilogramme, et même jusqu'au gramme.

Rien ne saurait justifier, dans les cas dont je viens de parler, la délivrance

Lorsque plusieurs articles compris dans un même billet, Art. 233 de l'instruction du 1er octobre 1854. feuille ou coupon, ne peuvent être délivrés en totalité le même jour, l'acquit est donné en regard de chaque objet délivré. Les délivrances suivantes sont constatées par de nouveaux acquits. Le billet, feuille ou coupon est arrêté à la date de la dernière délivrance.

Il est formellement interdit de donner des acquits par anticipation.

Dans le cas où la totalité d'une espèce de matières ou Art. 234 de l'instruction du 1er octobre 1854. d'objets ne peut être délivrée en une seule fois, les délivrances partielles et successives sont immédiatement inscrites sur des carnets cotés et paraphés par le commissaire aux approvisionnements. Chaque délivrance partielle est émargée d'un reçu provisoire du maître ou comptable. Le reçu définitif est donné sur la feuille lorsque la délivrance est complète. Après épuisement, les carnets sont déposés au bureau du commissaire aux approvisionnements.

A la fin de chaque mois, les billets ou les feuilles en Art. 235 de l'instruction du 1er octobre 1854. suspens sont arrêtés au nombre d'articles et aux quantités délivrés.

Les articles non délivrés sont annulés, pour être portés, s'il y a lieu, sur un autre billet de demande. Ces dispositions ne sont point applicables aux feuilles d'armement (*Articles 153 à 164 inclus de l'instruction du 1er octobre 1854*); elles ne le sont point non plus aux feuilles de remplacement concernant les bâtiments (*Articles 169 à 177 inclus de l'instruction du 1er octobre 1854*), lesquelles ne sont arrêtées qu'après qu'il a été complètement satisfait à la

---

de quantités fractionnaires dont les inconvénients, sous le rapport des écritures sont évidents. J'ai dû appeler l'attention à cet égard. (*Circulaire du 18 mars 1852, Bulletin officiel, page 295*).

demande, sauf l'exception mentionnée en l'article 172 de l'instruction sus-énoncée.

Art. 236 de l'instruction du 1er octobre 1854.

L'ordre de délivrance est laissé au comptable, émargé, en toutes lettres, du récépissé de la partie prenante, pour les quantités délivrées : la signature est précédée de l'indication de la qualité de la partie prenante.

La demande est gardée par la partie prenante, avec l'attestation, donnée par le comptable, des quantités délivrées.

Art. 237 de l'instruction du 1er octobre 1854.

Dans le cas où les objets demandés, n'existant pas en magasin, sont susceptibles d'être remplacés par des objets de nature analogue, les rectifications sont opérées :

Sur les billets, par le service même qui a fait la demande ;

Et sur les ordres de délivrance, par le directeur qui a ordonné la délivrance, ou par le commissaire aux approvisionnements, suivant le cas.

Art. 238 de l'instruction du 1er octobre 1854.

Les feuilles ou billets de remise (*modèles n°s 19, 19 bis, 20 modifié et 25 bis*) sont expédiés en primata et en duplicata par le service qui remet, et visés par le chef du service qui doit recevoir, sauf la faculté accordée par les articles 83 et 229 de l'instruction du 1er octobre 1854.

Le comptable reçoit les objets avec le primata du billet de remise et donne son récépissé sur le duplicata.

Art. 239 de l'instruction du 1er octobre 1854.

Lorsque tous les articles portés sur un billet de remise ne sont point déposés simultanément dans les ateliers, les articles successivement remis sont annotés sur le primata, et le maître en donne reçu sur le duplicata, en marge de chacun de ces articles.

Les remises sur feuilles s'opèrent ainsi qu'il est dit à l'article 81 de l'arrêté ministériel du 2 décembre 1857.

DISPOSITIONS GÉNÉRALES RELATIVES AUX RECENSEMENTS DE MATIÈRES
ET OBJETS EXISTANT EN APPROVISIONNEMENT (1).

Au 31 décembre de chaque année, il est procédé au recensement des matières, denrées et objets de toute nature existant dans les magasins, arsenaux et établissements maritimes.
L'inventaire, dressé par les soins de l'officier du commissariat
ou de l'agent du service administratif dans les établissements
hors des ports, qui a opéré le recensement, forme le premier
article du compte de l'année suivante. Cet inventaire présente
la valeur en numéraire du matériel existant en magasin,
d'après les prix officiels des nomenclatures arrêtées pour chaque service par notre ministre de la marine et des colonies.

Art. 40 du décret du
30 novembre 1857.

(1) L'inventaire doit être dressé par l'officier du commissariat qui
a procédé au recensement, visé par le commissaire général et par le contrôleur, et revêtu de la déclaration de prise en charge par le comptable.
(*Circulaire du 6 janvier 1846 et du 30 octobre 1847, n° 202.*)

A l'égard des services dont le compte ne fait ressortir aucun restant au
1er janvier, il doit être suppléé à l'inventaire, par un procès-verbal constatant qu'il n'existait rien en magasin à l'époque précitée. (*Circulaire n° 2
du 31 décembre 1851*, Bulletin officiel, *page 2, 1er semestre 1852.*)

Les inventaires doivent indiquer, en regard de chaque espèce de matières
ou d'objets, la date du dernier recensement. Lorsque le dernier recensement n'a porté que sur une partie de l'approvisionnement d'une même
espèce de matières déposées dans une ou plusieurs localités, on devra indiquer que le recensement n'a été que partiel. (*Circulaire n° 308 du 6
octobre 1853*, Bulletin officiel, *page 729.*)

Le compte d'une année, doit toujours prendre pour premier terme, le
restant constaté par le compte de l'année précédente ; c'est au moyen
d'entrées et de sorties que doivent être opérées, lorsqu'il y a lieu, les rectifications qui seraient reconnues nécessaires par suite de recensements, de
changements de classification et de réappréciation, comme de toute autre
cause. (*Circulaire du 28 octobre 1853, et circulaire n° 98 du 30 avril
1857*, Bulletin officiel, *page 386.*)

La valeur totale des matières, etc., sur les inventaires doit être établie au
moyen d'une récapitulation par page. (*Circ. n° 4 du 7 janvier 1848, p. 8.*)

Voir la circulaire n° 300 du 3 décembre 1857, *Bulletin officiel*, page
1005, et la circulaire n° 274 du 21 décembre 1858, *Bulletin officiel*, page
1014, relatives aux dispositions à suivre dans les recensements.

Art. 240 de l'instruction du 1er octobre 1854.

Indépendamment des recensements généraux qui, aux termes des articles 21 et 40 du règlement du 13 décembre 1845 (*Art. 20 et 40 du décret du 30 novembre 1857*) doivent être faits au commencement de chaque année et à chaque changement de gestion, il est procédé, pendant tout le cours de l'année, à des recensements partiels. Le commissaire général dirige les recensements, de telle sorte que, sauf les exceptions autorisées par une décision expresse du ministre, une même espèce de matières ou d'objets ne reste jamais plus de deux ans sans avoir été recensée.

Tous les trois mois, il est adressé au ministre un état sommaire (*modèle n° 60*) des recensements qui ont été opérés.

Art. 241 de l'instruction du 1er octobre 1854.

Ainsi qu'il est dit à l'article 27 de l'instruction du 1er octobre 1854, le garde-magasin général doit informer le commissaire aux approvisionnements de toutes les différences entre l'existant réel et l'existant d'après les écritures, qui auraient été remarquées par lui ou par ses préposés comptables.

Il doit l'informer, en outre, de toutes les circonstances qui peuvent contribuer à faciliter les vérifications des existants au magasin général et aux magasins particuliers des directions, et notamment de l'épuisement prochain de ces existants et des déplacements de matériel d'un local dans un autre.

Le commissaire aux approvisionnements rend compte immédiatement au commissaire général de toutes les différences qu'il aurait reconnues, et de celles qui lui auraient été signalées par le garde-magasin général.

Art. 242 de l'arrêté ministériel du 2 décembre 1857.

Les recensements sont opérés, en présence du comptable ou d'un délégué du comptable et après avis donné à l'inspecteur, par un officier du commissariat délégué par le commissaire aux approvisionnements, et sous la direction et la surveillance immédiate de ce commissaire.

Lorsque les recensements s'opèrent dans l'un des magasins particuliers de direction, il en est donné avis au directeur, qui délègue, s'il le juge nécessaire, un des officiers placés sous ses ordres pour concourir à l'opération (1).

L'officier du commissariat chargé d'opérer un recensement arrête le journal au nombre d'articles inscrits sur ce livre, depuis le commencement du mois dans lequel s'opère le recensement. Il constate successivement l'existant réel des matières et des objets, et vérifie ensuite, sur le registre-balance, le compte ouvert à chacune des espèces de matières ou d'objets qu'il a recensés. Il fait ressortir l'existant en écritures.

Art. 243 de l'arrêté ministériel du 2 décembre 1857.

Le détail des pesées, des mesurages et de toutes les opérations de recensement, est successivement inscrit sur deux carnets (*modèle n° 22*) tenus contradictoirement, l'un par l'officier du commissariat, l'autre par le comptable. Il y est établi la comparaison de l'existant en écritures et de l'existant réel, afin de faire ressortir les excédants et les déficits.

A la fin de chaque séance, la concordance des deux carnets est vérifiée et certifiée. Ces carnets sont visés une fois par semaine par le commissaire aux approvisionnements.

En cas de différence, il est procédé immédiatement à une

---

(1) Les obligations du service ne permettent pas toujours à un comptable d'assister à toutes les opérations de recensement, et d'un autre côté, plusieurs recensements peuvent s'opérer au même moment dans diverses localités d'un même magasin. Toutefois, il est nécessaire et convenable que le comptable se fasse représenter, autant que possible, par l'un de ses sous-ordres, le plus élevé en grade et étranger à la section ou au dépôt dans lequel s'opère le recensement (§§ *1 et 2 du nota inséré à la page 41 de l'arrêté ministériel du 2 décembre 1857.*)

nouvelle constatation. Le comptable en réfère, s'il y a lieu, au commissaire aux approvisionnements, qui prend ou provoque les mesures que les circonstances nécessitent (1).

Art. 244 de l'instruction du 1er octobre 1854.

Pendant le cours du recensement d'un article, aucune recette ni aucune délivrance ne peuvent avoir lieu sans l'intervention de l'officier du commissariat chargé du recensement.

Art. 245 de l'arrêté ministériel du 2 décembre 1857.

L'officier qui a procédé à un recensement constate dans un procès-verbal (*modèle n° 57*) les résultats de ses opérations.

Lorsque le recensement a fait ressortir des excédants et des déficits, le procès-verbal est dressé en double expédition (2) : il est signé par le comptable, et, s'il y a lieu, par l'officier de la direction qui a suivi le recensement (3).

Art. 246 de l'instruction du 1er octobre 1854.

Immédiatement après le recensement, les écritures élémentaires sont mises en concordance avec les résultats de

---

(1) Dans les services où des matières, ou des objets de même espèce se trouvent déposés dans plusieurs localités, si le recensement n'est opéré que dans une seule, les existants constatés ne peuvent être rapprochés de ceux qui résultent du grand livre, lequel comprend l'ensemble des matières ou des objets placés sous la responsabilité du comptable. Dans ce cas, la vérification porte sur le livre récapitulatif. Les différences constatées par section ou par dépôt sont régularisées ainsi qu'il est dit à l'article 246 de l'instruction du 1er octobre 1854, sauf le cas, où dans l'intérêt de sa responsabilité, le comptable réclamerait le recensement complet de l'objet dont il est chargé. (*Circulaire n° 281 du 6 novembre 1851*, Bulletin officiel, *page 444, et § 2 du nota inséré à la page 43 de l'arrêté ministériel du 2 décembre 1857.*)

(2) Par application des dispositions de la circulaire de 8 juillet 1856, insérée au *Bulletin officiel* de la marine, page 595, cette deuxième expédition ne comprendra que les matières et les objets qui auront présenté des excédants et des déficits.

(3) Les procès-verbaux de recensement doivent être arrêtés au total de

cette opération. Le comptable inscrit également les excédants et les déficits sur son journal et sur son grand livre, sauf classification de la sortie après que le ministre a statué sur la question de responsabilité.

L'officier qui a procédé à un recensement consigne dans un rapport toutes les observations qu'il a été dans le cas de faire pendant cette opération, et fait connaître son opinion sur les causes des excédants et des déficits. Le comptable a le droit de faire insérer ses observations personnelles dans le rapport dont il doit lui être donné lecture, afin qu'il ait à le signer. Dans le cas où ses observations n'auraient point été reproduites, il a le droit de les consigner avant sa signature. Le même droit appartient à l'officier de la direction, ainsi qu'à celui de l'inspection, qui ont suivi le recensement. *Art. 247 de l'instruction du 1er octobre 1854.*

Le rapport est annoté de l'avis du commissaire aux approvisionnements.

Le procès-verbal et le rapport dressés par l'officier du commissariat qui a opéré le recensement sont soumis au conseil d'administration du port. *Art. 248 de l'instruction du 1er octobre 1854.*

---

la valeur des articles recensés, et au total de la valeur des excédants et des déficits, lorsqu'il y a lieu.

Les officiers du commissariat, chargés de vérifier l'existant du matériel en approvisionnement dans les magasins, négligent quelquefois de constater, dans les procès-verbaux de recensement, les excédants et les déficits qui, par leur peu d'importance, ne leur paraissent pas de nature à exiger la rectification des écritures.

Je rappelle ici que, lorsque cette circonstance se présente, elle doit toujours être mentionnée dans le rapport annexé au procès-verbal ; attendu, d'une part, que ce dernier document doit présenter la constatation exacte des faits ; et que, d'autre part, le droit de décider si les différences constatées doivent donner lieu ou non à des redressements d'écriture, ne saurait appartenir qu'au ministre. (*Circulaire n° 248 du 4 août 1853*, Bulletin officiel, *page 461*.)

Un extrait de la délibération du conseil, accompagné des documents indiqués ci-dessus et de tous autres qui seraient nécessaires, est adressé au ministre, qui statue sur les cas de responsabilité et décide si les déficits sont admis en sortie à la décharge du comptable, ou, s'il y a lieu à remboursement, par qui de droit, de la valeur des quantités manquantes.

Art. 249 de l'instruction du 1er octobre 1854. Lorsque l'inspecteur requiert un recensement partiel, il est procédé à cette opération (1) dans les formes prescrites par les articles 240 à 248 inclus de l'instruction du 1er octobre 1854.

Art. 41 du décret du 30 novembre 1857. Dans les dépôts où certains objets ne peuvent pas, à raison de leur nature, de leur situation ou de la longueur des opérations, être soumis à des recensements annuels, les existants en fin d'année et à chaque changement de gestion peuvent, pour cette portion du matériel, être établis par des certificats administratifs qui tiennent lieu d'inventaire de reconnaissance, et sont admis à ce titre à la décharge du comptable. Ces certificats énoncent, ainsi qu'il est prescrit à l'article 40 du décret du 30 novembre 1857, l'évaluation en numéraire des quantités existantes (2).

Circulaire n° 114 du 19 mai 1857 (Bul. offic., p. 448). Pour obvier aux difficultés que présente le recensement des fils de caret en approvisionnement dans les magasins

---

(1) L'inspecteur en chef s'assure que les recensements du matériel ont lieu aux époques fixées. Il peut requérir des recensements partiels et inopinés. Ces recensements ont lieu immédiatement. (*Article 4 de l'arrêté ministériel du 16 février 1853*, Bulletin officiel *page 123.*)

(2) Aux termes de l'article 2 du règlement du 13 décembre 1845 (*article 2 du décret du 30 novembre 1857*), chaque comptable rend le compte de sa gestion. En cas de changement d'un comptable dans le courant d'une

des ports, la commission mentionnée en l'article 561 de l'instruction générale du 1er octobre 1854, après avoir fait plomber l'extrémité du fil, constatera la tare et le poids brut de chaque touret, et fera faire inscription de ces indications sur les tourets.

Les tourets seront versés au magasin et continueront à être comptés pour le poids indiqué, soit dans les opérations de recensement, soit dans les envois, les délivrances, etc., lorsque les plombs seront trouvés intacts.

CONSIDÉRATIONS SUR LES EXCÉDANTS ET LES DÉFICITS CONSTATÉS PAR RECENSEMENT.

Les excédants constatés par recensement sur des matières qui, par leur nature, doivent éprouver des déchets pendant leur séjour en magasin ne peuvent provenir que d'irrégularités regrettables. Il y a lieu, par suite, d'éviter ce résultat anormal en procédant toujours exactement aux opérations de recette et de délivrance. *Dépêche du 23 avril 1847, et circulaire no 32 du 6 février 1851 (Bulletin officiel, p. 57).*

En principe général, les excédants ne sont pas moins regrettables que les déficits; ils le sont plus peut-être en ce qu'ils pourraient servir à couvrir des détournements commis par des agents infidèles.

Lorsqu'un déficit est constaté, la responsabilité pèse d'abord, de droit, sur le garde-magasin responsable, mais *Dépêche du 8 avril 1852.*

---

année, il y a donc pour un même magasin deux comptes indépendants l'un de l'autre. Par conséquent, les pièces justificatives à mettre à l'appui de chacun de ces comptes, doivent avoir une série spéciale de numéros d'ordre. (*Circulaire du 2 février 1854*, Bulletin officiel, *page* 76.)

Le comptable, dont les fonctions ont cessé pendant le cours de l'année, est tenu de produire son compte dans les trois mois qui suivent l'époque de la remise de son service. (*Article 68 du décret du 30 novembre 1857*.)

en même temps, s'il résulte de l'instruction de l'affaire que le déficit provient de la négligence, de l'incurie ou même du mauvais vouloir de l'un des agents placés sous les ordres du garde-magasin, le ministre, appréciant les faits, peut écarter ce dernier comptable pour arriver directement au véritable auteur du déficit, lequel, bien qu'à un titre différent, est régulièrement son agent comme le garde-magasin lui-même.

Circulaire n° 151 du 29 juin 1858 (Bulletin officiel, p. 664). Lorsque des déficits sont constatés sur des objets, faisant partie de l'approvisionnement du magasin, mais en cours de réparation dans les ateliers, la régularisation de ces déficits est effectuée dans les écritures du garde-magasin particulier par un procès-verbal de recensement, ou par un procès-verbal de perte, ainsi qu'il est procédé à l'égard des déficits constatés dans les magasins.

PRESCRIPTIONS SPÉCIALES AUX INSTRUMENTS DE PESAGE ET DE MESURAGE
(concernant le port de Toulon. — Pour mémoire).

Circulaire de M. le commissaire général des 28 décembre 1848 et 24 mai 1850. Les instruments de pesage et de mesurage doivent être entretenus avec le plus grand soin. Tout défaut d'exactitude et de justesse reconnu doit être immédiatement signalé au comptable responsable pour qu'il en fasse opérer la réparation.

MODE DE PESAGE DES MATIÈRES D'UNE VALEUR MINIME.

Circulaire n° 94 du 18 mars 1852 (Bulletin officiel, p. 295). Dans les délivrances très-considérables de matières d'une valeur minime, telles que : *Vieux cordages pour étoupes, fers vieux, etc.*, les quantités ne doivent pas être poussées jusqu'à la fraction du kilogramme.

PRESCRIPTIONS RELATIVES A LA SORTIE DES ARSENAUX DES MATIÈRES
ET DES OBJETS.

Les matières et les objets délivrés par les magasins particuliers des directions aux bâtiments en rade, ne peuvent sortir de l'arsenal qu'après que les gardiens préposés aux issues en ont reconnu la conformité avec les indications portées aux bulletins de délivrance qui doivent accompagner les matières et les objets.

Le gardien qui a opéré cette reconnaissance détache le talon du bulletin de délivrance, et il frappe ce talon et ce bulletin du timbre : *Vu sortir ;* le timbre, indique, en outre, la date de la sortie ; le gardien conserve le talon et remet au porteur le bulletin de délivrance.

Les gardiens doivent s'opposer à la sortie des objets qui seraient accompagnés d'un bulletin de délivrance auquel le talon ne se trouverait pas annexé.

Art. 263 de l'instruction du 1er octobre 1854.

A l'égard de tous les objets autres que ceux qui sont destinés à des bâtiments en rade, les sorties ne peuvent avoir lieu que sur billets spéciaux (*modèle n° 64*) délivrés, savoir :

1° Pour le matériel provenant du magasin général :

Par le garde-magasin général, sous le visa du commissaire aux approvisionnements ;

2° Pour le matériel provenant des magasins particuliers des directions :

Par le garde-magasin particulier, sous le visa du directeur ou du commissaire aux approvisionnements , suivant le cas ;

3° Pour le matériel provenant des services des vivres, des hôpitaux ou des chiourmes :

Par le comptable, sous le visa du commissaire du détail ;

Art. 264 de l'instruction du 1er octobre 1854.

4° Pour des objets cédés :

Par le comptable, sous le visa du commissaire compétent ;

5° Pour des objets prêtés
{
provenant des magasins : Par le comptable, sous le visa du commissaire compétent.

provenant du matériel en service : Par le détenteur, sous le visa du chef de service.
}

Art. 266 de l'instruction du 1er octobre 1854.

Les billets de sortie sont détachés de registres à souche (*modèle n° 64*), cotés et paraphés par le commissaire général. Ils sont numérotés d'après une série qui se renouvelle chaque année pour chaque expéditeur.

La personne à laquelle le billet est délivré en donne reçu sur la souche même.

Circulaire du V.-A. préfet maritime du 3 juin 1847.

Les billets de sortie doivent être établis avec le plus de soin et de netteté possible. Les surcharges et les lacunes sont formellement interdites. (*Prescription relative au Port de Toulon. — Pour mémoire*).

Art. 267 de l'instruction du 1er octobre 1854.

Il est formellement interdit de faire usage de billets de sortie, autres que ceux qui sont détachés des registres à souche.

Les gardiens des grilles et issues doivent s'opposer à la sortie de tout objet de matériel qui n'est pas accompagné, soit d'un bulletin de délivrance à talon, soit d'un billet dressé conformément aux prescriptions des articles 263 à 266 de l'instruction du 1er octobre 1854.

Art. 268 de l'instruction du 1er octobre 1854.

Aucun billet ne peut servir que pour le jour de la date qu'il détermine ; tous les objets portés sur un même billet doivent sortir simultanément du port, à moins d'autorisation expresse du chef du service compétent. Dans ce cas, il est pris toutes les mesures que les circonstances comportent, à l'effet d'empêcher toute sortie frauduleuse.

Le billet de sortie est remis au gardien de la grille ou issue par laquelle la sortie s'effectue. Cette remise a lieu au moment où les matières et les objets sont présentés. *Art. 269 de l'instruction du 1er octobre 1854.*

Le gardien s'assure de la régularité du billet, ainsi que de la conformité des indications qui y sont portées avec les matières et les objets présentés à la sortie.

Le gardien frappe les billets du timbre : *Vu sortir*, indiquant la date de la sortie.

S'il ne juge pas le billet valable, il détient les matières et les objets, et renvoie le porteur près de qui de droit pour faire régulariser le billet de sortie.

Les souches des registres des billets de sortie et des bulletins de délivrance sont, après épuisement, remis au commissaire général, qui les fait rapprocher des billets de sortie et des talons recueillis aux issues de l'arsenal, indépendamment de telles vérifications qu'il a jugé utile de faire faire avant cette remise. *Art. 273 de l'instruction du 1er octobre 1854.*

PRESCRIPTIONS SPÉCIALES AU CHAUFFAGE DES BUREAUX ET AU CAS D'INCENDIE.
(concernant le port de Toulon. — Pour mémoire).

L'allumage des feux se fait au moyen de briquets, d'amadou et d'allumettes soufrées, délivrés par le magasin général, et qui doivent être, dans chaque localité, mis sous clef, sous la garde d'un contre-maître ou gardien compétent. *Art. 9 du règlement préfectoral du 30 juillet 1861.*

Les allumettes chimiques sont formellement interdites.

Art. 45 du règlement préfectoral du 30 juillet 1861.

Tous moyens de chauffage dans les bureaux autres que les cheminées ou poëles et les moines remplis d'eau bouillante, sont expressément interdits.

Ordre du jour du V.-A. préfet maritime du 19 février 1851.

Les allumettes chimiques sont formellement interdites.

Tous les meubles remis en magasin doivent être visités avec soin afin de s'assurer qu'ils ne renferment aucune matière incendiaire.

Art. 17 du règlement préfectoral du 30 juillet 1861.

Les personnes qui occupent seules un bureau dans lequel il y a du feu, ne doivent pas le quitter, même momentanément, sans placer un garde-étincelles devant les cheminées et prévenir un gardien de veiller en leur absence.

Art. 33 du règlement préfectoral du 30 juillet 1861.

Les feux de bureaux sont éteints en plaçant les tisons, charbons et cendres, dans un étouffoir qui sera posé ensuite sur l'âtre de la cheminée.

Art. 42 du règlement préfectoral du 30 juillet 1861.

L'introduction dans les établissements du port, de briquets phosphoriques, d'allumettes chimiques ou d'autres matières inflammables, le transport d'un feu d'un lieu dans un autre, sans les précautions exigées, seront punis d'un emprisonnement de six jours à deux mois, si le contrevenant n'est pas officier ou ne tient pas sa nomination du ministre. Il pourra en outre être renvoyé du service.

Art. 43 du règlement préfectoral du 30 juillet 1861.

Il est expressément défendu de fumer dans aucun des établissements de la marine, dont les feux sont compris dans la catégorie soumise à la surveillance des pompiers, ni dans les bureaux et salles de réunions officielles des établissements de la marine.

Art. 47 du règlement

Les ramonages des cheminées et les nettoyages des poëles

sont faits, pendant la durée de l'allumage des feux, au moins une fois par mois (1).

préfectoral du 30 juillet 1861.

En cas d'incendie ou d'autre événement de force majeure, les objets existant en magasin peuvent être mis, sur réquisition verbale, à la disposition de l'autorité qui les réclame.

Art. 22 de l'instruction du 1er octobre 1854.

Le garde-magasin général rend compte du fait dans le plus bref délai au commissaire aux approvisionnements, qui provoque la réintégration des objets, ou, s'il y a lieu, la régularisation de la délivrance.

Afin de prévenir toute cause d'incendie, les étoupes et les vieux linges imprégnés d'huiles ou de matières grasses qui ont servi, soit aux travaux, soit au fourbissage, doivent chaque soir être placés au dehors des sections, magasins et dépôts.

Ordre du jour du V.-A. préfet maritime du 2 septembre 1851.

---

(1) Dans le cas où cette prescription ne serait pas observée par les agents de la direction des travaux hydrauliques, les sectionnaires, magasiniers et préposés de dépôt, seraient tenus d'en informer leur chef direct.

DEUXIÈME PARTIE.

SYSTÈMES DE COMPTABILITÉ SUIVIS DANS LES SECTIONS, MAGASINS
ET DÉPÔTS.

De la Comptabilité des matières et objets existant
en approvisionnement (1).

Art. 28 du décret du 30 novembre 1857. Toute opération d'entrée, de transformation, de consommation ou de sortie de matières, pour être admise dans les comptes individuels, doit être appuyée de pièces établissant régulièrement la prise en charge ou la décharge du comptable (2).

Circulaire nº 366 du 18 novembre 1852 (Bulletin officiel, p. 437). Ces pièces justificatives doivent être dressées d'après l'ordre de classification adopté par la nomenclature spéciale à chaque service et sur des imprimés réglementaires.

Les interversions d'imprimés, ayant l'inconvénient de

---

(1) Les imprimés nécessaires à chaque service, sont délivrés, sur demandes successives, *modèle nº 3657*, par le magasin des imprimés. Ces demandes doivent comprendre les quantités présumées nécessaires pour une période de quelques mois seulement. Elles doivent être signées par le chef de service ou de détail compétent, et visées, pour l'exécution, par le commissaire aux approvisionnements. (*Circulaire nº 286 du 7 décembre 1864,* Bulletin officiel, *page 372*).

(2) Les directeurs ne peuvent se dispenser de signer tous les documents qui doivent être soumis au contrôle de la cour des comptes : telles sont, par exemple, les pièces justificatives jointes aux comptes de gestion.

En ce qui concerne le visa des pièces de comptabilité du service intérieur, les directeurs peuvent accidentellement se faire remplacer, pourvu qu'ils réduisent l'usage de cette faculté au strict nécessaire, de manière à ne découvrir que le moins possible leur responsabilité. Mais, l'officier le

ne présenter les nouvelles opérations auxquelles ils sont affectés, que d'une manière incomplète, et la vérification de ces opérations étant ainsi rendue plus longue et plus difficile, on doit donc s'attacher à n'employer que les formules qui sont prescrites par l'instruction.

Tout comptable de matériel est tenu d'inscrire sur ses livres de comptabilité, l'entrée, la sortie, les transformations, consommations, détériorations, pertes, déchets et manquants, ainsi que les excédants de toutes les matières confiées à sa garde. *Art. 55 du décret du 30 novembre 1857.*

Les matières, denrées et effets doivent toujours être classés dans les écritures conformément à l'ordre établi par la nomenclature générale.

Le libellé des articles inscrits doit être clair et précis; sans surcharges ni interlignes; les grattages sont formellement interdits; les ratures ne sont autorisées que dans le cas d'erreur matérielle, elles doivent être faites de manière à ce que les mots rayés soient parfaitement lisibles. Elles seront toujours paraphées. *Art. 59 du décret du 30 novembre 1857.*

Lorsqu'il y a lieu de rectifier une inscription, le redressement s'opère par un nouvel article mentionnant le motif de la rectification.

---

plus élevé en grade, ou le plus ancien de la direction auquel la signature aura été exceptionnellement déléguée, devra signer : *Pour le directeur, et par autorisation.*

Cette délégation de la signature du directeur ne saurait être admise s'il s'agissait des pièces que l'officier délégué aurait déjà eu à signer en son nom personnel sous le visa du chef de service.

Les dispositions qui précèdent sont applicables, par analogie, aux commissaires aux approvisionnements et aux travaux, et à leurs sous-ordres, sauf la faculté accordée par le 3e § de l'article 4 de l'instruction générale du 15 janvier 1846. (*Circulaire du 12 février 1847, no 27.*) La formalité prescrite par le 3e § de l'article 4 précité a été supprimée par le décret du 22 septembre 1854. (*Voir le 1er nota de la page 20 de l'instruction du 1er octobre 1854.*)

Art. 60 du décret du 30 novembre 1857. Les écritures doivent être libellées de manière à faciliter la classification des faits de gestion par espèce de matières ou d'objets, en observant exactement l'ordre de classification adopté par la nomenclature spéciale de chaque service.

Art. 274 de l'arrêté ministériel du 2 décembre 1857. Dans chaque section ou dépôt du magasin général ou des magasins particuliers des directions, il est tenu par le sectionnaire ou dépositaire :

1° Un livre journal en quantités par unité simple (*modèle n° 65 modifié*).

2° Un registre-balance en quantités, par unité simple, suivant l'ordre de la nomenclature arrêtée par le ministre (*modèle n° 66 modifié*).

3° Une sous-balance en quantités des matières et des objets, par subdivision des unités simples (*modèle n° 66 bis*).

Dans la même localité, le livre-journal est divisé en deux volumes, l'un pour les mois pairs, l'autre pour les mois impairs. Le registre-balance et la sous-balance peuvent être divisés en plusieurs volumes, si les nécessités du service l'exigent.

Lorsque, dans le cas prévu par l'article 13 de l'instruction du 1er octobre 1854, plusieurs magasiniers sont employés dans une même section du magasin général, chacun d'eux tient, sous la responsabilité immédiate du sectionnaire, un journal, un registre-balance et une sous-balance, divisés comme il est dit dans les deux paragraphes précédents.

Art. 61 du décret du 30 novembre 1857. Toutes les écritures des comptables en matières sont closes et arrêtées au 31 décembre de chaque année, et le résultat de la balance entre les entrées et les sorties est reporté, comme premier article des opérations, à la charge de la gestion suivante.

Les écritures d'une gestion une fois closes, il ne peut y être fait aucune modification. Les rectifications à charge ou à décharge s'opèrent dans les écritures de la gestion courante.

Tenue du Livre journal.

Le livre journal en quantités est coté et paraphé par le commissaire aux approvisionnements. Art. 275 de l'arrêté ministériel du 2 décembre 1857.

Il sert à l'inscription immédiate de tous les mouvements d'entrée et de sortie qui s'opèrent dans la section de magasin ou dans le dépôt (1). Ces opérations sont reportées, jour par jour, sur le registre-balance, et, s'il y a lieu, sur la sous-balance (2).

---

(1) Le journal des sections et des dépôts doit reproduire toutes les indications consignées sur les pièces justificatives, notamment en ce qui concerne les formes et les dimensions des objets et des matières, de manière à pouvoir servir à la vérification des balances et des sous-balances. (*2e Nota inséré à la page 48 de l'arrêté ministériel du 2 décembre 1857.*)

(2) Les recettes et les dépenses qui ne se régularisent qu'en fin de mois, doivent être décrites en détail et à leur date, sur les livres des sections et dépôts *(journal, balance et sous-balance)*. Les inscriptions faites sur ces livres sont appuyées par les pièces justificatives provisoires au moyen desquelles les opérations ont été effectuées.

En fin de mois, il est fait article collectif sur le journal et sur le grand livre en valeurs, tenus par le comptable, des opérations du mois, au vu des inscriptions portées aux livres des sections et des dépôts et des pièces justificatives provisoires, afférentes à chacune de ces inscriptions.

Les pièces justificatives définitives, ne doivent être acceptées par les comptables que lorsqu'elles sont d'accord avec les inscriptions mensuelles et collectives faites, au vu des livres des sections et des dépôts, sur le journal et sur le grand livre en valeurs. (*3e nota inséré à la page 48 de l'arrêté ministériel du 2 décembre 1857.*)

La tenue du livre journal et du registre-balance, en quantités seulement, dispense naturellement d'inscrire les états mensuels sur ces livres. (§ *1er du nota inséré à la page 49 de l'arrêté ministériel du 2 décembre 1857.*)

Art. 58 du décret du
30 novembre 1857.

Les livres journaux et les livres auxiliaires sont renouvelés chaque année ou à chaque mutation de comptable, à moins que le ministre de la marine et des colonies n'en ait ordonné autrement.

Art. 23 de l'instruction du 1er octobre 1854.

Quels que soient la nature et l'objet de l'ordre écrit ou verbal en vertu duquel les recettes et les délivrances ont eu lieu, tout comptable, sectionnaire, magasinier et préposé de dépôt, est tenu, sous sa responsabilité personnelle, d'inscrire cet ordre sur son journal.

Tenue des Registres-balances et sous-balances.

Art. 270 de l'arrêté ministériel du 2 décembre 1857.

Le registre-balance sert à la transcription, au compte ouvert à chacune des unités simples de la nomenclature, des écritures successivement passées au livre journal.

La sous-balance sert, lorsqu'il y a lieu, à suivre le compte des mouvements d'entrée et de sortie par subdivisions de l'unité simple.

Tenue du Registre des objets à réparer.

Art. 91 de l'arrêté ministériel du 12 octobre 1859.

Il est tenu dans chaque section ou dépôt, une balance (*modèle n° 66 bis*) des objets à réparer (1).

(1) Voir les dispositions de l'article 91 de l'arrêté ministériel du 12 octobre 1859, page 44 du présent manuel.

Vérifications prescrites à l'égard des Livres et Registres de la comptabilité.

————

Tous les soirs, les magasiniers attachés aux sections du magasin général remettent au sectionnaire le livre journal et le registre-balance, ainsi que les pièces justificatives des entrées et des sorties.

Art. 277 de l'arrêté ministériel du 2 décembre 1857.

Le sectionnaire, s'assure au moyen des procès-verbaux, ordres de recette, et autres pièces justificatives, et de son carnet des pesées et des mesurages, que toutes les recettes et toutes les dépenses ont été inscrites sur le journal et reportées sur le registre-balance et sur la sous-balance. Il constate sa vérification en apposant son visa sur toutes les pièces justificatives. Il classe ensuite ces pièces par nature d'opérations et les remet le lendemain au garde-magasin général, accompagnées d'un bordereau (*modèle n° 67 modifié*).

A la fin de chaque mois le garde-magasin général et les gardes-magasins particuliers examinent les livres de comptabilité tenus dans les sections et dépôts dépendant de leurs magasins, et vérifient les opérations constatées pendant le mois.

Art. 279 de l'arrêté ministériel du 2 décembre 1857.

Cette vérification est attestée par l'arrêté du journal des divers préposés, au nombre d'articles reçus et délivrés.

Le registre-balance et la sous-balance sont arrêtés à la fin de chaque trimestre et communiqués au comptable.

————

Prescriptions relatives aux pièces justificatives des opérations de recettes et de délivrances.

Art. 278 de l'arrêté ministériel du 2 décembre 1857.

Chaque matin, les préposés aux sections et aux dépôts des magasins particuliers transmettent au garde-magasin dont ils relèvent, les pièces justificatives des opérations consommées pendant la journée précédente. Ces pièces sont classées par nature d'opérations et accompagnées d'un bordereau numérique (*modèle n° 67 modifié*) (1).

Art. 285 de l'arrêté ministériel du 2 décembre 1857.

Toutes les pièces justificatives, soit de recette, soit de dépense, destinées à être produites au soutien de la comptabilité des mouvements des matières en approvisionnement, conformément à la nomenclature faisant suite au décret du 30 novembre 1857 et aux dispositions des chapitres II et III du titre 2 de l'instruction du 1er octobre 1854, portent la valeur par unité simple de chacune des matières ou de chacun des objets qu'elles concernent.

Les valeurs sont récapitulées par unité collective et additionnées sur chaque pièce.

Art. 286 de l'arrêté ministériel du 2 décembre 1857.

L'application des prix est faite, pour chaque nature de pièces, par les officiers, fonctionnaires ou agents désignés dans la nomenclature annexée à l'instruction du 1er octobre 1854.

Ces prix sont ceux de la nomenclature générale des matières et des objets de consommation et de transformation arrêtée le 25 septembre 1857 (2).

---

(1) Les sectionnaires et les dépositaires doivent reprendre chaque jour le bordereau des pièces remises la veille. (§ *10 du nota inséré à la page 109 de l'arrêté ministériel du 2 décembre 1857*.)

(2) Les ordres de délivrances à des services dont la comptabilité est suivie sur inventaire particulier, et les états de consommation de matières pour

Chaque pièce de recette ou de dépense doit être timbrée de l'indication des titre, chapitre et article, auxquels elle appartient, d'après la nomenclature annexée à l'instruction du 1er octobre 1854 (1).

Art. 287 de l'arrêté ministériel du 2 décembre 1857.

Les pièces justificatives doivent être établies sur des demi-feuilles imprimées lorsqu'elles ne doivent comprendre qu'un très-petit nombre d'articles. On ne doit faire usage, par suite, de feuilles doubles que dans des cas contraires.

Circulaire n° 78 du 17 avril 1856. (*Bulletin officiel*, p. 327).

Il est nécessaire que la qualité de la partie prenante soit exactement rapportée sur les billets de demande et sur toutes autres pièces justificatives qui comportent cette mention.

Circulaire n° 366 du 18 novembre 1852. (*Bulletin officiel*, p. 437).

Toute pièce justificative qui est viciée dans son essence, c'est-à-dire, qui contient des interlignes et des surcharges non paraphées par qui de droit, doit être refusée par les comptables.

Toutefois, les comptables ne doivent user qu'avec la plus grande circonspection du droit que leur confère à cet égard l'article 12 du réglement du 13 décembre 1845. (*Article 11 du décret du 30 novembre 1837*.)

Dépêche du 1er juillet 1852.

---

le service intérieur des magasins, doivent être évalués par les préposés à la garde des sections, magasins et dépots. (*Nomenclature des chapitres et articles de la comptabilité des mouvements des matières, etc., page 325 de l'instruction du 1er octobre 1854*.)

(1) La nomenclature, par titres, chapitres et articles des entrées et des sorties de la comptabilité des mouvements de matières, insérée à la suite de l'instruction générale du 1er octobre 1854, page 323 et suivantes, est applicable à tous les services pour la centralisation des comptes. (*Circulaire n° 21 du 25 janvier 1855*, Bulletin officiel, *page 30*.)

Prescriptions relatives aux états mensuels des délivrances effectuées aux bâtiments.

Art. 187 de l'arrêté ministériel du 12 octobre 1859.

A la fin de chaque mois, chaque dépositaire dresse un état (*modèle n° 45 modifié*), portant évaluation des délivrances effectuées aux bâtiments pendant le mois écoulé (1).

Mode d'évaluation des documents de la comptabilité.

Circulaire n° 306 du 11 décembre 1857. (*Bulletin officiel*, p. 1015.)

L'appréciation des matières sur les documents de la comptabilité doit être faite en forçant d'un centime dès que les millimes atteignent le chiffre 5.

Mode de rectification des erreurs et des omissions de recette et de dépense (2).

Art. 303 de l'arrêté ministériel du 2 décembre 1857.

Les erreurs et les omissions de recette et de dépense sont rectifiées dans les écritures du trimestre pendant lequel elles ont été commises : la quantité omise ou celle qui a été portée par erreur en recette ou en dépense ainsi que le montant de l'opération est balancé en entrée ou en sortie dans le même trimestre par une quantité et par une valeur

---

(1) Voir les prescriptions de l'article 187 de l'arrêté ministériel du 12 octobre 1859, insérées à la page 85 du présent manuel, relatives aux états mensuels des délivrances effectuées aux bâtiments.

(2) Voir les circulaires du 30 octobre 1847, n° 205, insérée au nota de la page 168 de l'instruction du 1er octobre 1854 ; du 24 mars 1853, n° 100, *Bulletin officiel*, page 264; du 9 mars 1850, n° 72, *Bulletin officiel*, page 208, et du 27 mars 1850, n° 84, *Bulletin officiel*, page 240, contenant des explications relatives au mode de rectification des erreurs et des omissions de recette et de dépense.

égales. L'existant est rectifié dans les écritures du trimestre pendant lequel l'erreur ou l'omission a été reconnue.

Les rectifications sont opérées sur l'ordre du commissaire aux approvisionnements, relatant les causes qui les ont rendues nécessaires (*modèle n° 76*). Une expédition de l'ordre de régularisation est adressée au ministre.

Les rectifications à opérer dans les évaluations, par suite de changement de prix, sont justifiées par un certificat du commissaire aux approvisionnements, portant la double évaluation aux prix anciens et aux prix rectifiés. Ce certificat (*modèle n° 79*) fait ressortir la différence à porter en entrée ou en sortie.

Art. 305 de l'arrêté ministériel du 2 décembre 1857.

De la Comptabilité des apparaux, machines, ustensiles et outils en service dans les Arsenaux.

DISPOSITIONS GÉNÉRALES.

La comptabilité du matériel du service général est tenue sur inventaire par l'agent administratif de chaque direction.

La comptabilité des apparaux, machines, ustensiles et outils en service dans les chantiers, ateliers et magasins est tenue par les maîtres et autres dépositaires qui sont responsables des objets de cette nature confiés à leur garde.

Elle est centralisée dans les directions par l'agent administratif, dans les magasins par le garde-magasin général et dans l'arsenal, pour chaque service, par le commissaire aux travaux.

Art. 448 de l'instruction du 1er octobre 1854.

Les maîtres et autres dépositaires reçoivent, sur demandes dûment approuvées, les apparaux, machines, ustensiles et outils nécessaires pour la mise en œuvre, les mouvements des matières et le service général des ports et des rades.

Art. 449 de l'instruction du 1er octobre 1854.

Art. 450 de l'instruc-
tion du 1er octobre
1854.

Indépendamment de la désignation du service auquel appartiennent les objets demandés ou remis, les billets de demande ou de remise d'apparaux, machines, ustensiles et outils portent le timbre suivant : *Apparaux, machines, ustensiles et outils en service.*

Ils relatent l'origine de l'entrée ou la destination de la sortie, conformément aux nomenclatures portées aux articles 452 et 458 de l'instruction du 1er octobre 1854. Ils sont dressés par le maître ou par le comptable et visés par le chef de service. Les billets concernant les ateliers sont, en outre, signés par les officiers chargés de la surveillance des dits ateliers.

Art. 107 de l'instruc-
tion du 1er octobre
1854.

Les remises définitives ou à charge de remplacement d'apparaux, machines, ustensiles et outils, sont opérées au moyen de billets (*modèle n° 25 bis*) expédiés par le service qui remet. Elles sont soumises aux formalités prescrites à l'égard des remises faites par les bâtiments.

Des Entrées.

Art. 451 de l'instruc-
tion du 1er octobre
1854.

Les entrées dans le service des apparaux, machines, ustensiles et outils, se divisent ainsi :

Entrées réelles ;

Entrées d'ordres.

Art. 452 de l'instruc-
tion du 1er octobre
1854, et circulaire
n° 29 du 9 février
1857 (Bulletin of-
ficiel, p. 108).

Les entrées réelles comprennent :

1° Les entrées à charge de payement, savoir :

Livraisons par suite d'achats ;

Cessions faites par des services étrangers à la marine ;

Cessions faites par des services de la marine ;

2° Les confections faites dans les ateliers ;

3° Les entrées provenant de changement d'inventaire, comprenant :

Les délivrances faites par les magasins ;

Les réintégrations d'objets prêtés ;

4° Les entrées d'apparaux dont la valeur vient en atténuation des frais généraux, savoir :

Les changements de classification ;

Les rectifications d'évaluation ;

Les réintégrations d'objets enlevés en fraude et saisis ;

Les excédants trouvés dans les recensements.

Les entrées d'ordre proviennent :

1° D'envois des autres ports, des établissements situés hors des ports et de Paris (*Mouvements de comptable à comptable du même service*) ;

2° De délivrances provenant d'autres dépositaires d'apparaux, machines, ustensiles et outils, des services dont les dépenses sont payées sur le même chapitre du budget (*Mouvements intérieurs*).

La livraison et la recette des apparaux et des machines spécialement achetés pour être mis immédiatement en service sont effectuées dans les formes prescrites par les articles 31 et suivants de l'instruction du 1er octobre 1854.

L'agent administratif de la direction à laquelle les objets sont destinés assiste aux opérations de la recette.

Les certificats comptables sont revêtus, par l'agent administratif, de la certification constatant l'inscription des objets achetés sur l'inventaire des apparaux, machines, etc.

La recette est justifiée dans la comptabilité des apparaux par l'extrait du procès-verbal de recette, revêtu de l'ordre de réception donné par le commissaire aux approvisionnements, et de la certification par le dépositaire, constatant que les apparaux ont été inscrits sur l'inventaire.

Art. 453 de l'instruction du 1er octobre 1854.

Art. 454 de l'instruction du 1er octobre 1854.

Les recettes provenant de délivrances faites par les magasins et de confections faites dans les ateliers, sont justifiées par les billets de demande revêtus de la certification des délivrances, donnés par le comptable qui a délivré les objets, ou par le maître de l'atelier dans lequel les objets ont été confectionnés.

Art. 455 de l'instruction du 1er octobre 1854.

Les recettes provenant de cessions faites par des services de la marine ou par des services étrangers à la marine, d'envois faits par les autres ports, d'excédants trouvés lors des recensements et de réintégrations, sont constatées et justifiées selon les formes prescrites à l'égard des entrées de même nature concernant la comptabilité des matières et des objets en approvisionnement.

Dans les recettes provenant d'envois et de cessions faites par des services étrangers, l'agent administratif remplace le comptable.

La certification de l'inscription sur l'inventaire, par le dépositaire, remplace la déclaration de prise en charge des objets reçus.

Dans les recensements, le commissaire aux travaux exerce les attributions dévolues au commissaire aux approvisionnements à l'égard des magasins. L'agent responsable du matériel recensé, assiste aux opérations.

Art. 455 bis de l'instruction du 1er octobre 1854.

Les entrées provenant de changement de classification ou de rectification d'évaluation, sont constatées et justifiées selon les formes prescrites par les articles 118 et 309 de l'instruction du 1er octobre 1854 (1), à l'égard des entrées de même nature concernant la comptabilité des matières et objets en

(1) Voir la circulaire n° 29 du 9 février 1857, *Bulletin officiel*, page 108, contenant des observations relatives aux comptes des apparaux, machines, ustensiles et outils en service, (année 1855).

approvisionnement. Les attributions dévolues par ces articles au commissaire aux approvisionnements sont exercées par le commissaire aux travaux.

Les recettes provenant de délivrances faites par des dépositaires d'apparaux, machines, ustensiles et outils des services dont les dépenses sont payées sur le même chapitre du budget sont justifiées par le billet de demande, revêtu de la certification de la délivrance, donnée par le dépositaire qui a délivré les objets.

Art. 456 de l'instruction du 1ᵉʳ octobre 1854.

Des Sorties.

Les sorties se divisent ainsi :
Sorties réelles ;
Sorties d'ordre.

Art. 457 de l'instruction du 1ᵉʳ octobre 1854.

Les sorties réelles comprennent :
1° Les sorties à charge de remboursement, savoir :
Cessions faites à des services étrangers à la marine ;
Cessions faites à des services de la marine ;
Pertes d'outils par négligence des ouvriers et autres agents ;
2° Les sorties d'objets destinés à être pris en charge par un autre inventaire, savoir :
Les remises faites aux magasins ;
Les prêts ;
3° Les sorties pour frais généraux, savoir :
Les changements de classification ;
Les consommations et dépérissement par suite d'emploi aux travaux ;

Art. 458 de l'instruction du 1ᵉʳ octobre 1854 et circulaire n° 29 du 9 février 1857. (Bulletin officiel, p. 108.)

Les consommations pour le service intérieur des magasins;

Les condamnations d'outils et d'ustensiles à détruire;

Le dépérissement;

Les pertes d'outils par accidents fortuits;

Les déficits constatés par recensement et admis en compte;

Les rectifications d'évaluations;

Les sorties d'ordre comprennent:

1° Les envois aux autres ports, aux établissements situés hors des ports, à Paris (*Mouvements de comptable à comptable du même service*).

2° Les délivrances à d'autres dépositaires d'apparaux, machines, ustensiles et outils, des services dont les dépenses sont payées sur le même chapitre du budget (*Mouvements intérieurs*).

Art. 459 de l'instruction du 1er octobre 1854.

Les cessions d'apparaux, machines, ustensiles et outils en service sont opérées dans les formes prescrites par les articles 135 et suivants de l'instruction du 1er octobre 1854, relativement aux cessions de [matières et objets en approvisionnement.

Art. 460 de l'instruction du 1er octobre 1854.

Les pertes d'outils par la négligence des ouvriers et autres agents, sont constatées par un état (*modèle n° 98*) dressé par le maître du chantier ou de l'atelier, certifié par l'officier et visé par le directeur. La valeur des outils perdus est retenue sur les salaires des ouvriers responsables de la perte, et versée au trésor public.

Les outils perdus ne sont portés en sortie par l'agent administratif qu'après que le commissaire aux travaux a fait inscription, sur l'état, du numéro et de la date du récépissé du versement au trésor.

Les remises en magasin ont lieu dans les formes prescrites par l'article 107 de l'instruction du 1er octobre 1854.

Art. 461 de l'instruction du 1er octobre 1854.

Les billets de remise sont établis par division de la nomenclature de l'inventaire des apparaux, annexée à la dite instruction. Les remises sont justifiées par le duplicata des billets portant récépissé. Lorsque les objets remis ont été condamnés, le duplicata fait mention des matières qui ont été retirées de la démolition, et dont le garde-magasin particulier doit prendre charge.

La valeur seule de ces matières est portée en sortie sous le titre : *Remises faites en magasin.* La différence entre cette valeur et celle qui était attribuée dans l'inventaire aux objets démolis, est portée en sortie sous le titre : *Dépérissement.*

Lorsque des objets remis ont été détruits, leur sortie est portée à ce titre dans la comptabilité des apparaux en service.

Les prêts d'apparaux, machines, ustensiles et outils n'ont lieu que dans les cas exceptionnels prévus par l'article 199 de l'instruction du 1er octobre 1854.

Art. 462 de l'instruction du 1er octobre 1854.

Ils sont effectués selon les formes prescrites par cet article : toutefois, le directeur compétent exerce les attributions qui sont conférées au commissaire aux approvisionnements.

L'état des objets prêtés à transmettre au ministre est dressé par l'agent administratif de la direction et vérifié par le commissaire aux travaux.

Les consommations par suite d'emploi aux travaux sont justifiées tous les mois, dans les chantiers et ateliers, par l'état (*modèle n° 99*) des objets consommés, dressé par le maître, certifié par l'officier et visé par le directeur et par le commissaire aux travaux.

Art. 463 de l'arrêté ministériel du 12 octobre 1859.

La moins-value des apparaux, outils, etc., condamnés et

démolis est justifiée par le duplicata du billet de remise mentionnant la valeur des matières retirées de la démolition.

Art. 464 de l'instruction du 1er octobre 1854. Les consommations pour le service intérieur des magasins sont justifiées, tous les mois, par l'état (*modèle n° 99*) dressé par le comptable et certifié par le commissaire aux approvisionnements.

Art. 465 de l'instruction du 1er octobre 1854. Les pertes d'outils par accidents fortuits sont constatées par un état (*modèle n° 100*) dressé par le maître d'atelier, certifié par l'officier et visé par le directeur et par le commissaire aux travaux. Si l'événement a eu lieu à bord d'un bâtiment, dans le port ou en rade, l'état est signé, en outre, par l'officier de garde ou de quart.

Art. 466 de l'instruction du 1er octobre 1854. Les déficits admis en compte, sont justifiés par les procès-verbaux de recensement, approuvés par le ministre.

Art. 466 bis de l'instruction du 1er octobre 1854. Les sorties pour changement de classification ou pour rectification d'évaluation sont constatées et justifiées selon les formes prescrites par l'article 455 *bis* de l'instruction du 1er octobre 1854 (1).

Art. 467 de l'instruction du 1er octobre 1854. Les envois aux autres ports sont constatés et justifiés selon les formes prescrites par les articles 219 et suivants de l'instruction du 1er octobre 1854, à l'égard des envois des matières et des objets en approvisionnement.

Art. 468 de l'instruction du 1er octobre 1854. Les délivrances de dépositaire à dépositaire d'apparaux, machines, ustensiles et outils des services dont les dépenses sont

(1) Voir la circulaire n° 29 du 9 février 1857, *Bulletin officiel*, page 108, contenant des observations relatives aux comptes des apparaux, machines, ustensiles et outils en service (année 1855).

payées sur le même chapitre du budget, sont opérées au moyen du billet de demande signé par le dépositaire, visé par le chef du service qui fait la demande, et revêtu de l'ordre d'exécution donné par le chef du service auquel la demande est faite, ainsi que du récépissé de la partie prenante.

Des Livres et des Ecritures.

Chaque dépositaire tient un journal en quantités (*modèle n° 65 modifié*) sur lequel il porte, au fur et à mesure qu'elles ont lieu, les entrées et les sorties de toute nature (1). Art. 469 de l'arrêté ministériel du 12 octobre 1859.

A la fin de chaque mois, le journal est arrêté, par chaque dépositaire, au nombre d'articles reçus et dépensés. Il est visé, pour les magasins, par le garde-magasin général; pour les ateliers, par les officiers chargés de leur surveillance. Art. 470 de l'arrêté ministériel du 12 octobre 1859.

A la même époque, chaque dépositaire dresse, d'après son journal, l'état appréciatif (*modèle n° 101 modifié*) des entrées par origine, et des sorties par destination.

Dans chaque chantier, atelier ou magasin, il est tenu un inventaire-balance des apparaux, machines, ustensiles et outils en service (*modèle n° 102 modifié*). Les dépositaires y inscrivent chaque mois, au compte ouvert à chaque article, dans l'ordre des divisions de la nomenclature des apparaux Art. 471 de l'instruction du 1er octobre 1854.

---

(1) Il a été fait application à la comptabilité des apparaux des dispositions de l'article 56 du décret du 30 novembre 1857. Désormais, les livres des dépositaires *(journaux et balances)*, seront tenus en quantités seulement. Les pièces justificatives seront établies en quantités et en valeurs, et les comptes, par division de la nomenclature sommaire, en valeurs seulement. (§ 1er *du nota inséré à la page 69 de l'arrêté ministériel du 12 octobre 1859.*)

en service, les entrées et les sorties constatées par l'état mentionné en l'article 470 de l'arrêté ministériel du 12 octobre 1859 (*modèle n° 101 modifié*).

Art. 472 de l'instruction du 1ᵉʳ octobre 1854.

Il n'est porté en sortie, sous le titre : *Remises faites en magasin,* que la valeur dont a pris charge le comptable du magasin dans lequel la remise a eu lieu.

La sortie des objets remis est constatée ainsi qu'il est dit à l'article 461 de l'instruction du 1ᵉʳ octobre 1854.

Dans le cas où l'objet remis en bon état a figuré dans l'inventaire des apparaux en service avec un prix autre que celui qui lui a été assigné, conformément aux indications de la nomenclature, sur l'ordre de prise en charge donné au comptable du magasin dans lequel la remise a été opérée, la différence entre les deux prix est constatée par un certificat visé par le commissaire aux travaux. Cette différence est portée en entrée et en sortie, suivant le cas, dans la comptabilité des apparaux en service, à titre de rectification d'évaluation.

Art. 473 de l'arrêté ministériel du 12 octobre 1859.

Les états appréciatifs des entrées et des sorties sont remis, avec toutes les pièces justificatives, à l'agent administratif ou au garde-magasin général, dans les quinze premiers jours du mois qui suit celui que l'état concerne. Ces pièces sont classées par nature d'opérations ; leur nombre est indiqué sur les états. Le garde-magasin général et les agents administratifs des directions, chacun en ce qui le concerne, en donnent récépissé à chaque dépositaire.

Art. 474 de l'instruction du 1ᵉʳ octobre 1854.

L'agent administratif et le garde-magasin général s'assurent de la régularité des pièces qui leur sont remises, de l'exactitude des états mensuels des entrées et des sorties ; et de la concordance de ces états avec les inventaires-balances des dépositaires, et avec les entrées et les sorties corrélatives des comptes des gardes-magasins particuliers. A cet effet, les états appréciatifs sont communiqués aux comptables qui en rapprochent les résultats de ceux que constatent leurs écritures : la concordance est certifiée par le commissaire aux approvisionnements.

L'agent administratif et le garde-magasin général dressent, chacun en ce qui le concerne, un bordereau (*modèle n° 105*) par origine et par destination, des valeurs portées en entrées et en sorties. Ils en reportent les résultats sur un compte sommaire en valeurs (*modèle n° 105*) ouvert à chacune des divisions de la nomenclature des apparaux en service insérée à la page 160 de l'arrêté ministériel du 12 octobre 1859.

Le compte tenu au magasin général est divisé par chapitres du budget.

Lorsque la comptabilité du mois est arrêtée, il en est donné avis au commissaire aux travaux, qui vérifie sur place toutes les écritures de cette comptabilité et les pièces à l'appui.

Art. 475 de l'instruction du 1er octobre 1854.

En cas d'irrégularités reconnues, il les signale au commissaire général et aux directeurs compétents et il provoque l'application de la responsabilité encourue, s'il y a lieu.

Tous les six mois, il dresse, pour être transmis au ministre, les états (*modèles n°s 106 et 107*), indiquant les résultats des rectifications qu'il a opérées.

Au commencement de chaque trimestre, les agents administratifs et le garde-magasin général dressent, chacun en ce qui le concerne, des relevés (*modèles n°s 83 et 84*) par exercice, du montant des achats et des cessions constatés par les pièces justificatives et portés en recette dans la comptabilité. Les relevés sont remis au commissaire aux approvisionnements pour servir à établir la corrélation du compte du matériel avec le compte financier.

Art. 476 de l'instruction du 1er octobre 1854.

Art. 477 de l'arrêté ministériel du 12 octobre 1859.

A la fin de chaque année, il est procédé au recensement des apparaux, machines, ustensiles et outils existant dans tous les services, en se conformant aux dispositions qui sont prescrites, relativement au recensement des approvisionnements par les articles 242 et suivants, de l'instruction du 1er octobre 1854 et de l'arrêté ministériel du 2 décembre 1857.

Ainsi qu'il est dit à l'article 455 de l'instruction du 1er octobre 1854, le commissaire aux travaux exerce dans ce cas, les attributions dévolues par ces articles au commissaire aux approvisionnements. Le maître ou agent responsable du matériel recensé assiste aux opérations (1).

De la Comptabilité du mobilier en service dans les bureaux, corps de garde, prisons, écoles, bibliothèques, etc. (2).

Art. 481 de l'arrêté ministériel du 12 octobre 1859.

Sont comptables du mobilier des bureaux, corps de garde, etc., les agents désignés par l'autorité locale, pour conserver ce matériel et en suivre les mouvements dans les services dont la nomenclature modifiée est annexée à l'instruction du 1er octobre 1854.

(1) Les inventaires des apparaux doivent être établis par dépositaire ; ils doivent être ensuite centralisés par service sur un état conforme au modèle annexé à l'arrêté ministériel du 12 octobre 1859, page 251. (§ *3 du nota inséré à la page 73 du dit arrêté.*)

(2) La nomenclature spéciale au service des travaux hydrauliques ne contient de classification détaillée, avec prix officiels, que pour les objets compris dans la troisième section de cette nomenclature. A l'égard de ceux qui doivent trouver place dans les deux premières sections, elle renvoie, pour les motifs énoncés à la page 8 de ce document, à la nomenclature du service des approvisionnements généraux de la flotte.

Ce système, dont l'application dans les ports n'a suscité aucun embarras, présente quelques difficultés pour la cour des comptes, en ce qu'il l'oblige à recourir, dans certains cas, à la nomenclature du service des approvision-

La comptabilité du mobilier, mentionnée au paragraphe précédent, est régie par les dispositions qui suivent.

Chaque dépositaire tient un journal *(modèle n° 65)* et un inventaire-balance en quantités *(modèle n° 104 modifié)*.

Art. 482 de l'arrêté ministériel du 12 octobre 1859.

Il inscrit sur ces livres, au fur et à mesure qu'ils ont lieu, les mouvements d'entrée et de sortie constatés par les duplicata des billets de délivrance et de remise revêtus des formalités indiquées aux articles 236 et 238 de l'instruction du 1er octobre 1854, et par toutes autres pièces justificatives des pertes, consommations, cessions, etc.

Les dispositions de l'article 476 de l'instruction du 1er octobre 1854, sont applicables aux cessions et aux achats d'objets de mobilier inscrits directement sur les inventaires.

A la fin de l'année, chaque dépositaire dresse d'après ses livres, l'état |appréciatif *(modèle n° 101 modifié)* des entrées par origine et des sorties par destination. Cet état, certifié par le dépositaire, est visé par le chef du service. A l'egard des remises, il est opéré ainsi qu'il est dit aux articles 461 et 472 de l'instruction du 1er octobre 1854.

Art. 483 de l'arrêté ministériel du 12 octobre 1859.

---

nements généraux de la flotte, et, par suite, à se livrer à des recherches souvent assez longues.

En vue de faciliter le contrôle à exercer par la cour, et sur la demande qui m'en a été faite par son premier président, j'ai décidé qu'à l'avenir les administrations des ports indiqueront, sur les pièces justificatives et sur les inventaires, pour tous les articles dont la désignation et le prix ont été empruntés à la nomenclature du service des approvisionnements généraux de la flotte, les numéros d'unité collective et d'unité simple qui leur sont assignés par ce document. Ces indications complémentaires seront consignées sur les pièces, dans la marge de gauche, en dehors du cadre, et en regard du numéro d'unité collective de la nomenclature spéciale au service des travaux hydrauliques, qui devra toujours être relaté dans la colonne qui lui est destinée. *(Circulaire n° 66 du 1er avril 1863, Bulletin officiel, page 143)*.

Art. 82 du décret du 30 novembre 1857.

Les détenteurs, à quelque titre que ce soit, de valeurs mobilières ou permanentes, sont tenus de les représenter en bon état, sauf les détériorations résultant du dépérissement naturel.

Art. 84 du décret du 30 novembre 1857.

Ils sont responsables des pertes dont ils ne justifieraient pas, ainsi que des accidents qui seraient reconnus provenir de leur fait, où qu'ils auraient pu prévenir ou empêcher.

Art. 484 de l'arrêté ministériel du 12 octobre 1859.

Dans chacun des services désignés dans la nomenclature modifiée insérée à la page 162 de l'arrêté ministériel du 12 octobre 1859, les résultats des états appréciatifs mentionnés en l'article 483 du dit arrêté ministériel sont, après avoir été vérifiés, reportés sur un compte sommaire en valeurs (*modèle n° 103*) des existants et des mouvements d'entrée et de sortie du mobilier des diverses dépendances du service.

Art 485 de l'arrêté ministériel du 12 octobre 1859.

Lorsque la comptabilité de l'année est arrêtée, il en est donné avis au commissaire aux travaux, qui vérifie sur place toutes les écritures de cette comptabilité avec les pièces à l'appui.

En cas d'irrégularités reconnues, il les signale au commissaire général et au chef de service compétent, et il provoque l'application de la responsabilité encourue, s'il y a lieu.

Art. 486 de l'arrêté ministériel du 12 octobre 1859.

Les comptes sommaires, dont les résultats doivent concorder avec les résultats corrélatifs des comptes des magasins et autres, sont remis au commissaire aux travaux, qui les vérifie et forme ensuite un résumé général en valeurs des mouvements survenus dans le mobilier des divers services (*modèle n° 103*).

Le résumé général est visé par le commissaire général

et transmis au ministre dans le courant du quatrième mois de l'année qui suit celle pour laquelle il a été dressé. Il est appuyé de toutes les pièces justificatives, des états appréciatifs, des comptes sommaires et des inventaires (*modèle n° 75*) établis en conformité de l'article 86 du décret du 30 novembre 1857.

Le commissaire aux travaux procède, ainsi qu'il est dit en l'article 477 de l'arrêté ministériel du 12 octobre 1859, au recensement du mobilier des bureaux, corps-de-garde, prisons, écoles, bibliothèques et autres établissements de la marine (1).

Art. 487 de l'arrêté ministériel du 12 octobre 1859.

(1) Les inventaires doivent être dressés par dépositaire; ils doivent être ensuite centralisés par service sur un état conforme au modèle annexé à l'arrêté ministériel du 12 octobre 1859, page 251 (§ *2 de la note d'observation insérée à la page 81 du dit arrêté ministériel*).

TROISIÈME PARTIE.

DISPOSITIONS DISCIPLINAIRES ET PÉNALES A L'ÉGARD DES AGENTS DES MAGASINS.

Circulaire n° **228** du 3 septembre 1850 (*Bulletin officiel*, p. 109), et art. 115 du décret du 19 octobre 1851 portant règlement sur les allocations de solde.

Tout agent du service des magasins qui s'absente de son poste sans autorisation, est entièrement privé de sa solde pendant la durée de son absence, sans préjudice des mesures disciplinaires que l'autorité locale est dans l'obligation de lui infliger.

Dépêche du 19 mai 1848.

Tout distributeur qui, ayant été signalé peu zélé et incapable, dans les notes confidentielles de fin d'année, donnera encore lieu aux mêmes reproches, sera renvoyé du service.

Dépêche du 2 juillet 1852.

Tout agent du service des magasins qui aura soustrait ou tenté de soustraire des matières ou des objets appartenant à l'Etat doit, après avoir subi la peine de simple police, être renvoyé du service, nonobstant le jugement d'absolution rendu par le tribunal qui aura connu de l'affaire.

Art. **358** du code de justice maritime.

Est puni de la réclusion, tout comptable ou autre individu au service de la marine qui falsifie ou fait falsifier des substances, matières, denrées ou liquides confiés à sa garde ou placés sous sa surveillance, ou qui, sciemment, distribue ou fait distribuer les dites substances, matières, denrées ou liquides falsifiés.

La peine de la réclusion est également prononcée contre tout comptable ou autre individu au service de la marine qui, dans un but coupable, distribue ou fait distribuer des viandes provenant d'animaux atteints de maladies contagieuses ou des matières, substances, denrées ou liquides corrompus ou gâtés.

Tout dépositaire ou comptable public, qui aura détourné ou soustrait des effets mobiliers, qui étaient entre ses mains en vertu de ses fonctions, sera puni des travaux forcés à temps si les choses détournées ou soustraites sont d'une valeur au-dessus de trois mille francs. *Art. 169 du code pénal ordinaire.*

Si les valeurs détournées ou soustraites sont au-dessous de trois mille francs, la peine sera un emprisonnement de deux ans au moins et de cinq ans au plus, et le condamné sera de plus, déclaré à jamais incapable d'exercer aucune fonction publique. *Art 171 du code pénal ordinaire.*

Est puni d'un emprisonnement de deux mois à cinq ans, tout individu au service de la marine qui, volontairement, détruit, lacère, ou met hors de service, des bois, métaux, toiles ou autres matières à lui confiées pour être travaillées. *Art. 345 du code de justice maritime.*

Est puni de la réclusion, tout individu qui, volontairement, détruit, brûle ou lacère des registres, minutes ou autres originaux de l'autorité maritime. *Art. 346 du code de justice maritime.*

Est puni des travaux forcés à temps, tout comptable ou autre individu au service de la marine, qui exagère le montant des consommations ou commet tout autre faux dans ses comptes. *Art. 349 du code de justice maritime.*

S'il existe des circonstances atténuantes, la peine est la réclusion ou un emprisonnement de deux ans à cinq ans.

Art. 350 du code de justice maritime. Est puni d'un an à cinq ans d'emprisonnement, tout comptable ou autre individu au service de la marine qui fait sciemment usage, dans son service, de faux poids ou de fausses mesures.

Art. 351 du code de justice maritime. Est puni de la réclusion, tout comptable ou autre individu au service de la marine, qui contrefait ou tente de contrefaire les timbres ou marques destinés à être apposés sur des effets ou objets quelconques appartenant à l'Etat, ou qui en fait sciemment usage.

Art. 353 du code de justice maritime. Est puni d'un emprisonnement de deux mois à deux ans, tout individu qui, dans un but coupable, efface ou fait disparaître les marques ou timbres appliqués sur les objets du matériel maritime.

Si le coupable est comptable des objets démarqués, il est puni de deux ans à cinq ans de la même peine.

Art. 297 du code de justice maritime. Est puni de la réduction de grade ou de classe tout individu au service de la marine ou embarqué sur un bâtiment de l'Etat, qui insulte une sentinelle par paroles, gestes ou menaces.

Art. 301 du code de justice maritime. Tout individu au service de la marine, autre que marin et militaire embarqué, coupable de voies de fait envers son supérieur pendant le service ou à l'occasion du service est puni :

1° S'il y a eu préméditation ou guet-apens, de la réclusion ;

2° Dans les autres cas, d'un emprisonnement de deux mois à deux ans.

Art. 337 du code de justice maritime. Est puni des travaux forcés à temps, tout individu qui, volontairement, détruit, désempare ou dévaste, par d'autres moyens que l'incendie ou l'emploi de matières explosives, des vaisseaux, bâtiments ou embarcations de l'Etat, des édifices, ouvrages militaires, magasins, ateliers ou chantiers appartenant à la marine.

S'il existe des circonstances atténuantes, la peine est celle de la réclusion, ou même de deux ans à cinq ans d'emprisonnement.

Tout individu employé dans un établissement maritime qui refuse d'obéir lorsqu'il est commandé pour un service, dans un incendie ou un autre danger menaçant la sûreté de l'établissement dans lequel il est employé, est puni d'un emprisonnement de deux mois à deux ans.

Art. 295 du code de justice maritime.

Est puni de mort, tout individu qui, volontairement, incendie par un moyen quelconque, ou détruit par l'emploi de matières explosives, des vaisseaux et embarcations de l'Etat, des édifices, magasins, ateliers ou chantiers appartenant à la marine.

Art. 336 du code de justice maritime.

S'il existe des circonstances atténuantes, la peine est celle des travaux forcés à temps.

Est puni de six mois à cinq ans d'emprisonnement, tout individu coupable d'avoir, par négligence, occasionné un incendie dans les rades, ports, arsenaux et établissements de la marine.

Art. 339 du code de justice maritime.

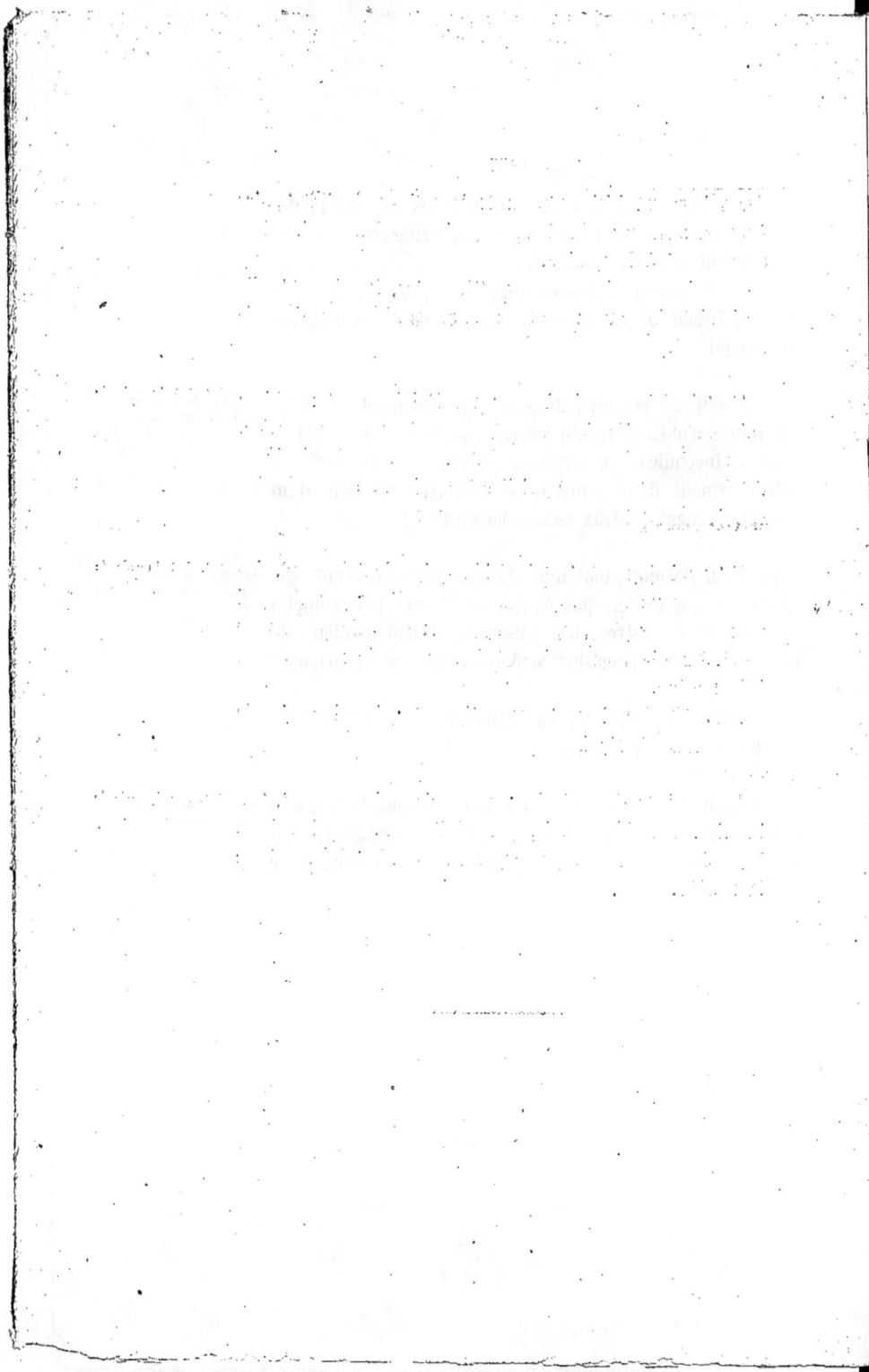

ANNEXE.

DÉCRET

portant organisation du personnel des comptables des matières du département de la marine.

Au nom du peuple français.

Le Président de la République,

Vu l'ordonnance du 26 août 1844, portant règlement d'administration publique, sur la comptabilité des matières appartenant à l'Etat ;

Vu le règlement du 13 décembre 1845, sur la comptabilité des matières appartenant au département de la marine et des colonies ;

Vu l'ordonnance du 23 décembre 1847, portant organisation d'un corps de comptables de matières dans les divers services de la marine ;

Sur le rapport du Ministre de la marine et des colonies,

Le Conseil d'amirauté entendu,

DÉCRÈTE CE QUI SUIT :

TITRE Ier

CRÉATION D'EMPLOIS DE COMPTABLES.

ARTICLE PREMIER. — § 1er. Il est affecté à la gestion des magasins des divers services de la marine :

Des agents comptables principaux,

Des agents comptables,

Des sous-agents comptables.

§ 2. Les agents comptables ont sous leurs ordres :

Pour la tenue des écritures, des commis et des écrivains de première, deuxième et troisième classe ;

Pour la garde et la délivrance des matières, des magasiniers, des préposés de dépôt et des distributeurs de première, deuxième et troisième classe.

§ 3. Les emplois d'agents comptables de la marine sont des emplois civils qui ne donnent pas lieu à l'application des dispositions de la loi du 19 mai 1834, sur l'état des officiers.

ART. 2. — § 1er. Le nombre des emplois de comptables de matières est fixé ainsi qu'il suit .

Agents comptables principaux	5
Agents comptables.	44
Sous-Agents comptables	44

§ 2. La répartition des comptables entre les divers services est arrêtée par le Ministre de la marine et des colonies.

ART. 3. — Le nombre et la répartition, entre les divers services, des commis, écrivains, magasiniers, préposés de dépôts et distributeurs, sont fixés par le Ministre de la marine et des colonies, en raison des besoins du service.

TITRE II.

NOMINATION, AVANCEMENT, SUSPENSION, RÉVOCATION.

ART. 4. — § 1er. Les nominations à tous les emplois dans le service de la comptabilité sont faites au choix.

§ 2. Le passage d'une classe à l'autre dans les emplois de commis, d'écrivains, de magasiniers, de préposés de dépôt et de distributeurs, a lieu, soit à l'ancienneté, soit au choix, d'après les règles fixées par les articles 13 et 14 ci-après.

ART. 5 (1). — § 1er. Nul ne peut être admis comme écrivain dans le service des magasins, sauf l'exception mentionnée au § 2 ci-après, s'il est âgé de moins de dix-huit ans et de plus de 30 ans, et si, pendant un stage

---

(1) Voir la circulaire n° 161 du 1er juillet 1861, *Bulletin officiel*, page 39, interprétative de l'article 5 du décret du 28 février 1850 en ce qui concerne les conditions d'admission dans le personnel des comptables des matières.

de 6 mois, il n'a fait preuve de l'aptitude et des connaissances nécessaires pour le service de la comptabilité des magasins.

Le stage ne donne droit à aucune solde.

Les aspirants aux emplois de préposés de dépôt et de distributeurs doivent satisfaire aux mêmes conditions.

§ 2. Peuvent être admis jusqu'à l'âge de 45 ans, et après un stage de de deux mois, soit comme écrivains, soit comme préposés de dépôt ou distributeurs :

Les commis aux vivres, comptant trois ans de service en cette qualité sur les bâtiments de la flotte ;

Les magasiniers ayant rempli cet emploi pendant trois ans à bord d'un bâtiment armé de vingt bouches à feu et au-dessus ;

Les officiers mariniers et matelots de toutes classes, ainsi que les ouvriers des arsenaux de toutes professions, ayant au moins quinze ans de service.

§ 3. Dans les ports militaires, les admissions au stage mentionné au présent article sont autorisées par le préfet maritime, d'après la proposition de l'agent comptable principal, annotée des observations du directeur compétent, s'il y a lieu, et présentée par le commissaire général.

Dans les ports secondaires et dans les établissements situés hors des ports, les admissions au stage sont autorisées par le chef du service ou par le Directeur.

ART. 6. — § 1er. La moitié au moins des emplois de commis est donnée au choix aux écrivains, préposés de dépôt ou distributeurs ayant complété trois ans de service dans les magasins.

§ 2. L'autre moitié peut être donnée, après un stage de deux mois :

1o Aux maîtres des diverses professions maritimes et aux capitaines d'armes de 1re et de 2e classe, ayant cinq ans de grade ;

2o Aux seconds-maîtres, contre-maîtres, capitaines d'armes de 3e classe, sous-officiers d'artillerie et d'infanterie de marine, ayant sept ans de grade ;

3o Aux premiers commis aux vivres comptant trois ans de navigation en cette qualité, et aux magasiniers ayant au moins dix ans de service, dont trois ans d'embarquement, dans cette position, sur les vaisseaux et frégates.

§ 3. Les mêmes dispositions sont suivies pour l'admission aux emplois de magasiniers.

ART. 7. — § 1er. Les agents désignés dans le deuxième paragraphe des articles 4 et 5, sont, pendant la durée du stage, considérés comme en congé sans solde, et ne sont rayés des contrôles du corps auxquels ils appartiennent qu'après leur admission définitive dans le service de la comptabilité des magasins.

11

§ 2. Ils reçoivent pendant le temps d'épreuve, et au titre du service de la comptabilité, la solde attribuée à l'emploi qu'ils remplissent provisoirement.

ART. 8. — § 1er Les sous-agents comptables sont choisis parmi :

1º Les commis affectés au service des magasins et les magasiniers ;

2º Les commis du commissariat et du personnel administratif des directions de travaux dans les ports et des établissements de la marine situés hors des ports.

§ 2. Nul ne peut être nommé sous-agent comptable s'il ne réunit au moins trois ans de services effectifs.

§ 3. La moitié au moins des vacances dans les emplois de sous-agent comptable est réservée aux commis affectés au service des magasins et aux magasiniers.

ART. 9. — § 1er. Les agents comptables sont choisis parmi :

1º Les sous-agents comptables ayant au moins trois ans d'exercice ;

2º Les officiers des différents corps de la marine, du grade de lieutenant de vaisseau, ou ayant rempli les conditions pour arriver à ce grade ou au grade correspondant.

§ 2. La moitié au moins des vacances dans l'emploi d'agent comptable est réservée aux sous-agents comptables.

ART. 10. — Les agents comptables principaux sont choisis parmi :

1º Les agents comptables ayant au moins trois ans d'exercice ;

2º Les officiers supérieurs des divers corps de la marine, et

3º Les officiers qui ont rempli les conditions déterminées pour devenir officiers supérieurs.

ART. 11. — § 1er. Les agents comptables principaux sont nommés par le Président de la République, sur la proposition du ministre de la marine et des colonies.

§ 2. Les agents comptables, les sous-agents comptables, les commis et les magasiniers sont nommés par le ministre de la marine et des colonies.

ART. 12. — Les écrivains, les préposés de dépôt et les distributeurs, sont nommés, sauf l'approbation du ministre :

Dans les ports militaires, par le Préfet maritime, sur la présentation du commissaire général, d'après une liste dressée par l'agent comptable principal, annotée des observations du directeur compétent, lorsqu'il y a lieu ;

Dans les ports secondaires, par le chef du service de la marine ;

Dans les établissements situés hors des ports, par le directeur.

ART. 13. — § 1er. Le passage d'une classe à l'autre, dans les emplois de commis et de magasiniers, a lieu, un tiers à l'ancienneté et deux tiers au choix, d'après la décision du ministre de la marine.

§ 2. Les nominations au choix sont faites d'après des listes de proposition établies dans les formes prescrites par l'article 15 ci-après.

ART. 14. — Les avancements en classe dans les emplois d'écrivains, de préposés de dépôt et de distributeurs sont donnés, un tiers à l'ancienneté, deux tiers au choix, sauf l'approbation du ministre :

Dans les ports militaires, par le préfet maritime, sur la présentation du commissaire général, d'après la proposition de l'agent comptable principal, annotée des observations du directeur compétent, lorsqu'il y a lieu ;

Dans les ports secondaires, par le chef du service de la marine ;

Et dans les établissements situés hors des ports, par le directeur.

ART. 15. — § 1er. Les commis, écrivains, magasiniers, préposés de dépôt et distributeurs, ne peuvent obtenir un avancement au choix s'ils ne sont portés sur un tableau d'avancement.

§ 2. Dans les ports militaires, le tableau d'avancement est arrêté par le préfet maritime, en conseil d'administration, sur les mémoires de proposition de l'agent comptable principal, annotés des observations du directeur compétent, s'il y a lieu, et présentés par le commissaire général.

§ 3. Dans les ports secondaires et dans les établissements situés hors des ports, le tableau d'avancement est arrêté par le chef du service de la marine ou par le directeur, en conseil d'administration.

ART. 16. — Aucun commis, écrivain, magasinier, préposé de dépôt ou distributeur, ne peut être employé dans un magasin, autre que celui dont est chargé personnellement l'agent comptable principal, sans l'agrément du comptable chargé de ce magasin, lequel, en cas de refus, doit motiver son refus par écrit.

Dans ce cas, il est statué par le ministre, s'il s'agit d'un commis ou d'un magasinier, ou par le préfet maritime s'il s'agit d'un écrivain, d'un préposé de dépôt ou d'un distributeur.

ART. 17. — A moins d'empêchement, les emplois de garde-magasin général, dans les cinq ports militaires, sont remplis par des agents comptables principaux.

Les emplois de sous-garde-magasin général, de sectionnaire chargé des bois de construction et autres, de garde-magasin des subsistances, de garde-magasin particulier de direction, d'agent comptable des services des hôpitaux et des chiourmes, sont remplis par des agents comptables.

Les emplois de garde-magasin dans les établissements situés hors des ports et dans les ports secondaires sont remplis par des agents ou des sous-agents comptables.

Les emplois de sectionnaire du magasin général, autre que celui des bois, et ceux de sous-garde-magasin particulier, sont remplis par des sous-agents comptables.

Art. 18. — § 1er. En cas de déficit, d'abus ou d'irrégularités graves dûment constatés, les agents affectés au service de la comptabilité des magasins dans les ports militaires, peuvent être suspendus de leur emploi par le préfet maritime, sur la proposition du commissaire général ou du contrôleur, ou par tout fonctionnaire chargé par le ministre d'une inspection administrative. Ce fonctionnaire doit informer immédiatement le préfet maritime de la suspension prononcée par lui.

Il est dressé un procès-verbal de la suspension et des causes qui l'ont motivée ; ce procès-verbal, après avoir été communiqué à l'agent suspendu de ses fonctions, pour qu'il ait à présenter ses observations, est immédiatement adressé au ministre avec les dites observations.

§ 2. Lorsque l'agent suspendu de son emploi est comptable d'un service, un comptable intérimaire est nommé d'office par le préfet maritime, qui en rend immédiatement compte au ministre de la marine.

§. 3. Dans les ports secondaires et les établissements situés hors des ports, les chefs du service ou directeurs exercent les attributions conférées aux préfets maritimes par les paragraphes précédents.

§ 4. La révocation des agents comptables principaux est prononcée par le Président de la République, sur le rapport du ministre de la marine et des colonies ;

Celle des agents comptables, sous-agents comptables, commis et magasiniers est prononcée par le ministre de la marine ;

Celle des écrivains, préposés de dépôt et distributeurs, est prononcée par le préfet maritime, le chef du service de la marine ou le directeur, suivant les localités, et il en est rendu compte au ministre.

TITRE III.

SOLDE ET ACCESSOIRES DE SOLDE.

Art. 19. — § 1er. La solde des agents affectés au service de la comptabilité est fixée ainsi qu'il suit :

Agent comptable principal	3,000 fr.
Agent comptable	2,000

Sous-agent comptable		1,500
Commis de comptabilité et Magasiniers......	de 1re classe .	1,500
	de 2e classe .	1,200
	de 3e classe .	1,000
Ecrivains, préposés de dépôt et distributeurs (1)	de 1re classe .	900
	de 2e classe .	750
	de 3e classe .	600

§ 2. Les agents comptables reçoivent les indemnités pour frais de bureau, chauffage et éclairage, déterminées par les règlements en vigueur.

ART. 20 — § 1er. Des suppléments de solde peuvent être accordés par le ministre de la marine aux sous-gardes magasins et aux sectionnaires.

Ces suppléments ne peuvent excéder 600 francs ni être au-dessous de 200 fr. par an.

§ 2. Un arrêté du ministre de la marine fixe les époques auxquelles les suppléments sont payés.

ART. 21. — Lorsque les agents affectés au service de la comptabilité se déplacent par ordre et pour le service, ils reçoivent les indemnités de frais de route et de vacations déterminées par les règlements en vigueur.

TITRE IV.

CAUTIONNEMENTS ET INDEMNITÉS DE RESPONSABILITÉ (2).

ART. 22. — § 1er. Les cautionnements à fournir par les comptables de matières, soit en numéraire, soit en inscriptions de rente sur l'Etat, ainsi que les indemnités annuelles de responsabilité accordées à ces agents, sont déterminés par le tableau annexé au présent décret.

---

(1) La quotité des frais de déplacement à allouer, le cas échéant, aux préposés de dépôt et aux distributeurs des magasins à terre doit être calculée comme suit :

Indemnité de transport par kilomètre. { sur les voies ordinaires . 0 12
{ sur les voies ferrées . . 0 025

Indemnité par journée passée en route, ou par séjour 1 50

Ces allocations résultent de l'assimilation même de ces agents. (*Circulaire* n° 207 *du 8 septembre 1860*, Bulletin officiel, *page 194*.)

(2) Voir la circulaire n° 176 du 29 juin 1850, *Bulletin officiel*, 2e semestre, page 3 et la circulaire n° 199 du 31 juillet 1850, et ses annexes, *Bulletin officiel*, page 53, concernant la réalisation des cautionnements des comptables des matières de la marine ; et, voir également le décret du 4 février 1852, annexé à la circulaire n° 40 du 7 février 1852, *Bulletin officiel*, page 78, et la circulaire n° 200 du 11 octobre 1859, *Bulletin officiel*, page 333, relatifs au payement des indemnités et des suppléments alloués aux agents de la comptabilité des matières.

§ 2. Les comptables sont tenus de réaliser leur cautionnement dans les six mois qui suivent leur nomination.

· § 3. Dans les ports secondaires et dans les autres localités où il n'est pas institué de comptables, il peut être accordé un supplément annuel de 300 francs à l'agent qui est chargé de tenir la comptabilité des matières.

§ 4. L'indemnité de responsabilité accordée aux comptables ne commence à courir que du jour où le comptable a justifié de la réalisation de son cautionnement.

§ 5. Les époques auxquelles sont payées les indemnités de responsabilité sont fixées par le ministre de la marine.

TITRE V.

RETRAITE.

Art. 23. — Les agents affectés au service de la comptabilité sont traités, pour la fixation des droits à la retraite, d'après les assimilations suivantes :

Agent comptable principal. . . . Commissaire adjoint.
Agent-comptable . . . . Sous-Commissaire.
Sous-agent comptable . . . . . . Aide-Commissaire.
Commis. . . . . Commis de marine.
Magasinier. . . . . Maître entretenu.
Ecrivain, Préposé de dépôt } . . .Second maître.
et Distributeur. }

TITRE VI.

DISPOSITIONS TRANSITOIRES.

· Art. 24. — Les officiers et employés des divers corps de la marine, qui seront admis dans le personnel des comptables lors de la première formation, et jusqu'au 1er janvier 1853, pourront être dispensés de fournir le cautionnement exigé par l'article 22.

Les comptables qui auront obtenu cette dispense ne recevront que les trois-quarts de l'indemnité de responsabilité mentionnée au même article.

Art. 25. — Pourront être nommés, lors de la première formation seulement :

A des emplois d'agents comptables principaux, les chefs de bureau de l'administration centrale du ministère de la marine et les sous-chefs ayant rempli les conditions requises pour être nommés chefs;

A des emplois d'agents-comptables, les sous-chefs de bureau, et les commis ayant rempli les conditions requises pour être nommés sous-chefs;

A des emplois de sous-agents comptables, les commis de toutes classes.

Art. 26. — Jusqu'au 1er janvier 1854, et en cas d'insuffisance dans le personnel des comptables, la gestion des magasins pourra être confiée à des officiers et employés détachés des divers corps de la marine, qui conserveront la solde et les accessoires de solde attribués au grade dont ils seront titulaires. Ils seront dispensés de fournir le cautionnement exigé par l'article 22 ; ils ne recevront que le quart de l'indemnité de responsabilité mentionnée dans ledit article.

Art. 27. — § 1er. Les commis du commissariat et les commis des services spéciaux admis dans le service de comptabilité avec un traitement qui, en y comprenant les indemnités, serait inférieur au traitement qu'ils recevaient précédemment, y compris l'indemnité de logement, jouiront, à titre transitoire, d'un complément de solde égal à la différence existant entre ces deux traitements.

§ 2. Les écrivains en possession d'un traitement de plus de 900 francs qui, dans le travail de première formation, seront admis dans le service de comptabilité, conserveront leur solde jusqu'à ce qu'ils soient nommés à un emploi de sous-agent comptable, de commis ou de magasinier.

Art. 28. — § 1er. Il sera procédé au classement des magasiniers, préposés de dépôt et distributeurs, employés dans les magasins antérieurement à la date du présent décret.

§ 2. Les agents en possession d'une solde supérieure à celle qui est attribuée par l'article 19 à l'emploi dont ils sont pourvus conserveront leur solde actuelle jusqu'à avancement ultérieur.

§ 3. En aucun cas, l'avancement ne pourra donner lieu à une augmentation de solde de plus de 300 francs.

TITRE VII.

DISPOSITIONS GÉNÉRALES.

Art. 29. — Les officiers et employés qui auront été définitivement admis dans le service de la comptabilité des magasins seront rayés du cadre du corps auquel ils appartiennent.

ART. 30. — Un décret spécial déterminera l'uniforme des comptables de la marine.

ART. 31. — § 1er. Est rapportée l'ordonnance du 23 décembre 1847, concernant l'organisation d'un corps de comptables de matières dans les divers services de la marine.

§ 2. Sont et demeurent abrogées les dispositions contenues dans les articles 38, 40, 43, 46, 49, 52 et 58 de l'ordonnance du 14 juin 1844, en ce qu'elles ont de contraire au présent décret.

ART. 32. — Le ministre de la marine et des colonies est chargé de l'exécution du présent décret.

Fait au Palais de l'Elysée National.

Paris, le 28 février 1850.

Signé : **L. N. BONAPARTE**.

LE CONTRE-AMIRAL,
Ministre de la marine et des colonies,
Signé : **ROMAIN-DESFOSSÉS**.

TABLEAU

faisant suite au décret du 28 février 1850 concernant l'organisation du personnel des Comptables des matières dans le département de la marine.

Cautionnements à fournir par les Comptables des matières, et Indemnités annuelles de responsabilité allouées à ces Comptables.

DÉSIGNATION DES EMPLOIS.	CAUTIONNEMENT.	INDEMNITÉ de responsabilité
Garde-magasin général à Brest et à Toulon.	50,000	4,000
Garde-magasin général à Cherbourg, Lorient et Rochefort.	30,000	3,000
Garde-magasin du service des vivres à Brest et à Toulon .		
Garde-magasin du service des vivres à Cherbourg, Lorient et Rochefort	20,000	2,000
Garde-magasin à Bordeaux		
Garde-magasin particulier des directions des constructions navales à Brest et à Toulon		
Garde-magasin particulier des directions des constructions navales à Cherbourg, Lorient et Rochefort		
Garde-magasin particulier de la direction des mouvements du port et de l'artillerie à Brest et à Toulon	15,000	1,800
Garde-magasin à Indret		
Garde-magasin particulier des directions des mouvements du port et de l'artillerie à Cherbourg, Lorient et Rochefort.		
Agent-comptable du service des hôpitaux à Brest, Rochefort et Toulon	10,000	1,500
Garde-magasin des forges de la Chaussade, à Guerigny . .		
Garde-magasin particulier de la direction des travaux hydrauliques à Cherbourg, Brest, Lorient, Rochefort et Toulon.		
Garde-magasin particulier de la direction de la Villeneuve, à Brest.		
Gardes-magasins institués dans les ports secondaires autres que Bordeaux	8,000	1,200
Agent-comptable du service des hôpitaux à Cherbourg et à Lorient		
Agent-comptable du service des chiourmes à Brest et à Toulon.		
Garde-magasin à Ruelle, Nevers et St-Gervais.		
Agent-comptable du service des chiourmes à Rochefort. . .	5,000	1,000
Pharmaciens-comptables à Brest et à Toulon	»	600
Pharmaciens-comptables à Cherbourg, Lorient et Rochefort .	»	400

Paris, le 28 février 1850.

LE CONTRE-AMIRAL,
Ministre de la marine et des colonies,
Signé : ROMAIN-DESFOSSÉS.

Le Président de la République,
Signé : **L. N. BONAPARTE.**

EXTRAIT DU TARIF

DES

PENSIONS DE RETRAITE

DES OFFICIERS ET FONCTIONNAIRES ASSIMILÉS

ET DES AUTRES AGENTS

DU DÉPARTEMENT DE LA MARINE ET DES COLONIES.

—————

LOI DU 26 JUIN 1861.

—————

EXTRAIT DU TARIF DES PENSIONS DE RETRAITE des *Officiers et Fonctionnaires* assimilés et des autres agents du département de la marine et des colonies. Loi du 26 juin 1861.

GRADES.	PENSIONS DE RETRAITE POUR ANCIENNETÉ DE SERVICE. (Art. 9 de la loi du 18 avril 1831.)			PENSIONS DE RETRAITE POUR CAUSE DE BLESSURES ou infirmités graves et incurables (Art. 12, 13, 14, 15, 16 et 17 de la loi du 18 avril 1831.)								MINIMUM ET MAXIMUM augmentés ou diminués en sus. (Art. 11 de la loi du 18 avril 1831.)		Pensions AUX VEUVES, ENCOURS ET aux orphelins. (Art. 21 et 22 de la loi du 18 avril 1831.)
	MINIMUM à 25 ou 30 ans de service effectif suivant le corps.	Accroissement pour chaque année de service effectif au delà de 25 ou 30 ans suivant le corps, et pour chaque année résultant de la supputation des campagnes.	MAXIMUM à 45 ou 50 ans DE SERVICE suivant le corps, campagnes comprises.	Amputation de deux membres ou perte totale de la vue. — PENSION fixe quelle que soit la durée des services.	Amputation d'un membre ou perte absolue de l'usage de deux membres. — PENSION fixe quelle que soit la durée des services.	BLESSURES OU INFIRMITÉS qui occasionnent la perte absolue de l'usage d'un membre ou qui y sont équivalentes. (Art. 16 de la loi du 18 avril 1831.)			BLESSURES OU INFIRMITÉS moins graves qui mettent dans l'impossibilité de rester au service avant d'avoir accompli le temps exigé pour le droit à la pension d'ancienneté. (Art. 17 de la loi du 18 avril 1831.)					QUART DU MAXIMUM de la pension affecté au grade.
						Accroissement pour chaque année de service, campagnes comprises.	Maximum à 25 ans de service, campagnes comprises.	Minimum.	Accroissement pour chaque année de service au delà de 25 ou 30 ans, suivant le corps, lorsque les campagnes cumulées avec les services effectifs forment un total de 25 ou 30 ans.	Maximum à 45 ou 50 ans de service suivant le corps, campagnes comprises.	Minimum.	Maximum.	Minimum.	
1re SECTION OFFICIERS ET ASSIMILÉS.	f. c.	f. c.	f. c.	f. c.	f. c.	f. c.	f. c.	f. c.	f. c.	f. c.	f. c.	f. c.	f. c.
Personnel de la comptabilité des matières. { Agent comptable principal	1050 »	32 »	2200 »	2100 »	2100 »	1950 »	32 »	1950 »	1950 »	32 »	2200 »	»	»	648 »
Agent comptable	1550 »	28 »	2120 »	1544 »	2120 »	1350 »	28 »	2120 »	1350 »	28 »	2120 »	»	»	530 »
Sous-agent comptable	1120 »	28 »	1680 »	2016 »	1680 »	1120 »	28 »	1680 »	1120 »	28 »	1680 »	»	»	483 »
2me SECTION AGENTS AU-DESSOUS DU GRADE D'OFFICIER.														
Divers services. { Commis des divers services	900 »	25 »	1400 »	1800 »	1400 »	900 »	25 »	1400 »	900 »	25 »	1400 »	»	»	350 »
Écrivains des divers services à 600 fr. et au-dessus	415 »	7 50	565 »	735 »	565 »	415 »	7 50	565 »	415 »	7 50	565 »	»	»	141 »
Id. au-dessous de 600 fr. . .	385 »	6 »	505 »	657 »	505 »	385 »	6 »	505 »	385 »	6 »	505 »	»	»	126 »
Magasiniers du corps des comptables à 1200f. et au-dessus	840 »	28 »	1400 »	1820 »	1400 »	840 »	28 »	1400 »	840 »	28 »	1400 »	»	»	350 »
Id. Id. au-dessous de 1200 f.	700 »	14 »	980 »	1274 »	980 »	700 »	14 »	980 »	700 »	14 »	980 »	»	»	245 »
Préposés de dépôt et distributeurs du corps des comptables	415 »	7 50	565 »	735 »	565 »	415 »	7 50	565 »	415 »	7 50	565 »	»	»	141 »

Vu pour être annexé au projet de loi adopté par le Corps législatif dans sa séance du 17 juin 1861.

Le Président,
Signé : COMTE DE MORNY.

Les Secrétaires,
Signé : VERNIER, Comte Joachin MURAT, Marquis DE TALHOUET, Baron Jérôme DAVID.

Vu pour être annexé à la loi qui modifie celle du 18 avril 1831, sur les pensions de l'armée de mer.

Vu pour être annexé à la loi du 26 juin 1861.
Le Ministre d'État,
Signé : A. WALEWSKI.

Le Sénateur, secrétaire du Sénat,
Signé : BARON T. DE LACROSSE.

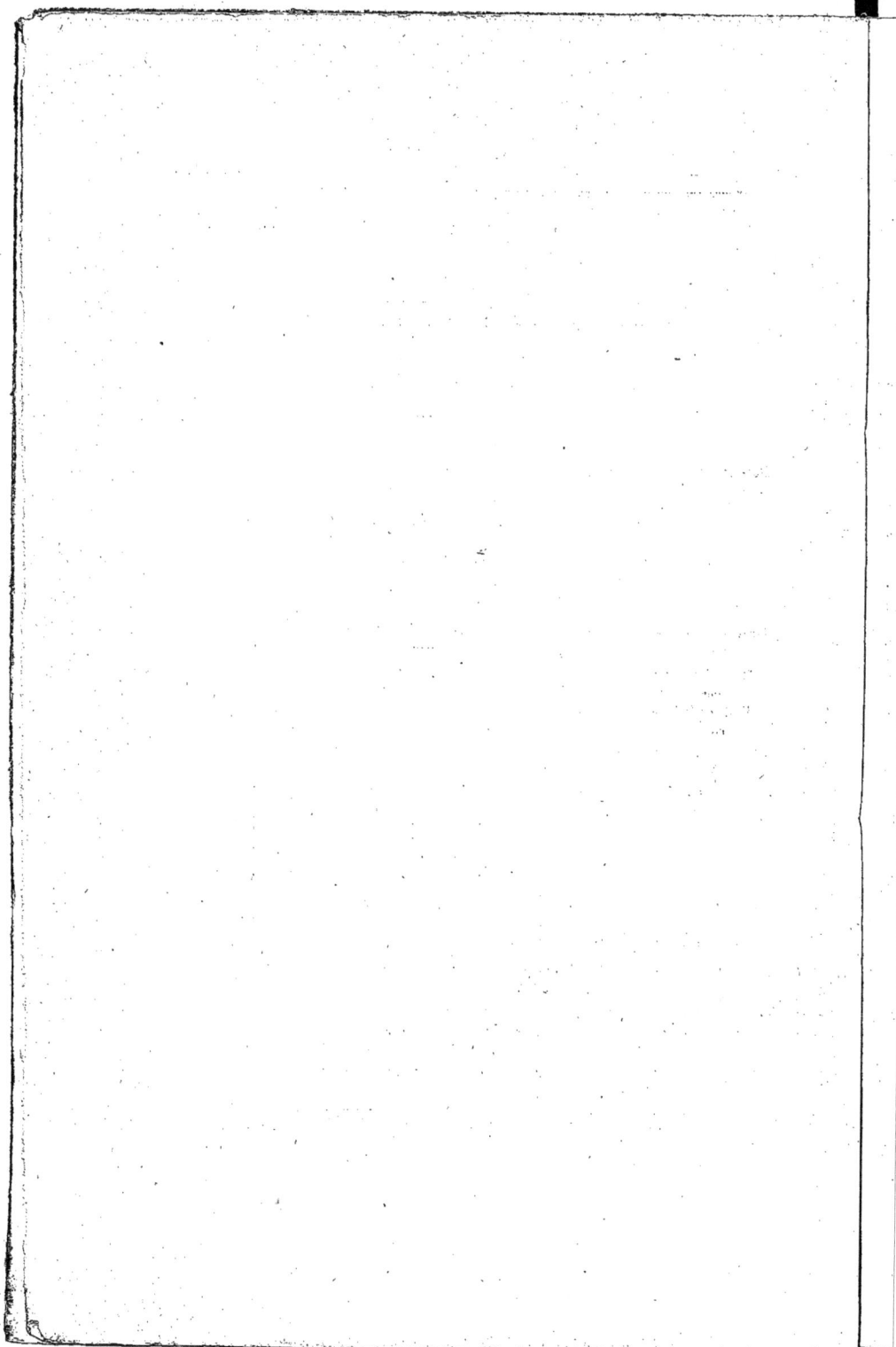

TABLE DES MATIÈRES.

PREMIÈRE PARTIE.

MODE DE GESTION PRATIQUÉ DANS LES SECTIONS, MAGASINS ET DÉPOTS.

DEUXIÈME PARTIE.

SYSTÈMES DE COMPTABILITÉ SUIVIS DANS LES SECTIONS, MAGASINS ET DÉPÔTS.

TROISIÈME PARTIE.

ANNEXE AU MANUEL.